D0327761

TODO LO QUE NUNCA QUISO SABER SOBRE CONTABILIDAD, PERO NECESITA CONOCER

José Manuel Lizanda

Todo lo que **nunca** quiso saber sobre **contabilidad**, pero **necesita** conocer

Nociones elementales de
contabilidad para todos

 Empresa Activa

Argentina – Chile – Colombia – España
Estados Unidos – México – Perú – Uruguay – Venezuela

SOMERSET COUNTY LIBRARY
BRIDGEWATER, N. J. 08807

1.ª edición Febrero 2015

Reservados todos los derechos. Queda rigurosamente prohibida, sin la autorización escrita de los titulares del *copyright*, bajo las sanciones establecidas en las leyes, la reproducción parcial o total de esta obra por cualquier medio o procedimiento, incluidos la reprografía y el tratamiento informático, así como la distribución de ejemplares mediante alquiler o préstamo público.

Copyright © 2015 by José Manuel Lizanda Cuevas
All Rights Reserved
© 2015 *by* Ediciones Urano, S.A.
   Aribau, 142, pral. – 08036 Barcelona
   www.empresaactiva.com
   www.edicionesurano.com

ISBN: 978-84-92921-18-8
E-ISBN: 978-84-9944-826-8
Depósito legal: B-26.775-2014

Fotocomposición: Ediciones Urano, S.A
Impreso por: Rodesa, S.A. – Polígono Industrial San Miguel – Parcelas E7-E8
31132 Villatuerta (Navarra)

Impreso en España – *Printed in Spain*

«Tanto si piensas que puedes,
como si piensas que no puedes,
estás en lo cierto.»

HENRY FORD

ÍNDICE

9

PRESENTACIÓN

Cuando se oye la palabra «contabilidad», la mayoría de las personas la asocian a algo muy complejo que unos pocos estudian en la universidad o en cursos especializados y suponen, en todo caso, que cuesta muchas horas de estudio y esfuerzo. También se relaciona contabilidad con grandes empresas con un departamento contable donde muchas personas trabajan y se pasan el día analizando documentos e introduciendo datos en complejos programas informáticos para, posteriormente, obtener unos cuadros con información «ininteligible» que solo los directivos de la empresa son capaces de entender y sacar conclusiones. Pero además es frecuente oír o leer en las noticias económicas expresiones cuyo sentido muchas personas desconocen como: los activos de la empresa A; la situación financiera de la empresa B; los pasivos de la empresa C; la empresa D está en un concurso de acreedores; los ingresos de la empresa E han bajado respecto al año anterior, las cuentas anuales aprobadas por la junta general de accionistas, etc.

Este trabajo intenta familiarizar al lector con estos conceptos y facilitarle una mejor comprensión de las noticias económicas que los mencionan. Porque en ocasiones, suceden cosas que nos sorprenden como que un banco un día sea totalmente solvente y al día siguiente esté en una situación insostenible y se le deba rescatar con miles de millones de euros de todos los ciudadanos. O que una empresa que cotiza en un mercado organizado, que ha sido revisada por un auditor de cuentas, que desarrolla su activi-

11

dad en todo el mundo y que es un ejemplo de empresa innovadora pase de tener unos ingresos de miles de millones de euros y un gran beneficio a tener unos ingresos de unas pocas decenas de millones de euros y unas pérdidas importantes.

¿Cómo es posible que sucedan estas cosas?

¿Se trata de la llamada «contabilidad creativa»? ¿Se trata meramente de una incorrecta interpretación de la realidad? o ¿se trata meramente de un engaño?

Este libro pretende dar luz y respuestas al porqué se pueden producir estas situaciones y cómo se puede llegar a ellas.

A otro nivel se dan situaciones en las que es común oír expresiones tales como «a ver cuánto gano este mes», «quiero ahorrar esta cantidad para comprarme un coche», «esta familia se administra bien», «aquel gasta más que gana y acabará mal», «aquella familia ha sido desahuciada porque no ha podido hacer frente al pago de la hipoteca con sus ingresos», etc. Todas estas situaciones tienen como origen conceptos contables tan básicos como ingresos, gastos, deudas, activos o patrimonio neto.

Es decir, la contabilidad es algo que estamos empleando cotidianamente sin ser conscientes de ello.

Utilizándola podríamos hacer *balance* periódicamente de lo que tenemos, ya sea un piso, coche, ordenador, dinero en el banco, etc. y ver qué deudas tenemos, ya sea con el banco o al comprar el coche u otra cosa y podríamos conocer el resultado de un periodo sabiendo cuánto dinero hemos ganado y cuánto hemos gastado.

La contabilidad permite a las multinacionales, las instituciones públicas, las familias o empresas conocer su situación patrimonial en una fecha determinada (qué tienen y a qué deudas han de hacer frente), su situación económica (los ingresos y gastos de un periodo) y su situación financiera (si podrán hacer frente a los pagos con el dinero disponible).

Por tanto, podríamos entender la contabilidad como un conjunto de técnicas y convenciones que permiten reflejar los hechos económicos que afectan a cualquier empresa o persona en un periodo determinado, de manera que se pueden obtener periódicamente unos documentos con la información patrimonial, económica y financiera de las mismas.

El presente trabajo pretende mostrar a aquellas personas que no tienen conocimientos previos de contabilidad unos principios básicos y unas técnicas sencillas que le permitan entender un poco más los conceptos y los documentos contables, así como entender las noticias económicas y el porqué de los escándalos financieros.

Este libro también es útil para los pequeños empresarios o profesionales que dedican todo su esfuerzo a su negocio y que deben poner sus cuentas en manos de un contable o asesor contable dado que ellos «no saben de contabilidad».

1

LA CONTABILIDAD

¿Qué es la contabilidad?

La contabilidad es un sistema de tratamiento de la información que permite conocer los resultados económicos, la situación financiera y la imagen fiel del patrimonio de la empresa. También puede ser utilizado por cualquier persona o familia que quiera conocer en cualquier momento los bienes de que dispone, el detalle de sus ingresos y gastos en un periodo determinado o las deudas que tiene que pagar en una fecha determinada.

No obstante, el ámbito natural de la contabilidad es la empresa, entendida como un conjunto organizado de bienes, derechos y obligaciones que bajo la titularidad y dirección de un empresario tiene como objeto producir bienes y servicios para el mercado, con el objetivo, el caso de las empresas mercantiles, de obtener rendimientos económicos para sus propietarios.

Una función de la contabilidad es la de suministrar información útil para la toma de decisiones, ya que muestra la situación económico-financiera y los resultados obtenidos por la empresa. Otra es la de servir como base para la cuantificación del impuesto sobre sociedades e impuesto sobre la renta de las personas físicas de empresarios y profesionales, dado que la cuota a pagar a la Hacienda Pública depende del resultado que muestra la contabilidad.

Las normas sobre la contabilidad

En España, la norma esencial de este sistema es el Plan General de Contabilidad (en adelante PGC), aprobado por el Real Decreto 1514/2007. En esta norma reglamentaria, de obligada utilización, se establece cómo debe llevarse y qué criterios deben aplicarse para que la información se muestre de forma homogénea y permita comparar la situación patrimonial, económica y financiera de unas empresas con otras.

El objetivo de la contabilidad

1. Realizar un registro de las operaciones económicas. La contabilidad refleja —de acuerdo con unas reglas determinadas que iremos viendo— las operaciones económicas que realizan las empresas, instituciones o personas que la utilizan.

2. Proporcionar información sobre las operaciones realizadas. En este aspecto interesa el tipo de información y las fechas de esta información.

a) Tipo de información
La información básica a la que se refiere la contabilidad es el «patrimonio», que tiene los siguientes componentes:

* Bienes y derechos de una empresa o familia o activos. Estos bienes o derechos son aquellos que tienen contenido económico, es decir, que podrían transformarse en dinero por su

16

venta a terceros o por la venta de los bienes o servicios generados mediante su utilización.

◆ Deudas o pasivos.

◆ Patrimonio neto, que es la diferencia entre sus bienes y derechos y sus deudas.

◆ Asimismo en el transcurso del tiempo se generan ingresos y se producen gastos que van a aumentar o disminuir los bienes o derechos y las deudas y, por tanto, afectarán al importe del patrimonio neto.

Ejemplo: patrimonio de una familia

En el caso de una familia, los bienes y derechos pueden ser un piso en propiedad, dinero en el banco, coche, muebles, ropa, ordenadores, intereses de cuentas a plazo pendientes de cobro, etc. Es decir, bienes que o se han pagado con los ahorros generados por los ingresos de la familia, como las nóminas, o bien al comprarlos se ha pactado su pago aplazado o se ha pedido un préstamo al banco, generándose con ello una deuda.

Los ingresos de la familia proceden normalmente del trabajo de los miembros de la misma, o de la actividad empresarial o profesional, mientras que los gastos serán en concepto de alimentación, educación, ocio, etc.

Ejemplo: patrimonio de una empresa

En este caso, los bienes y derechos son los necesarios para desarrollar la actividad de la empresa, es decir: dinero en bancos, local, ordenadores, mobiliario, productos que compra y vende, etc. y las deudas van a estar relacionadas con la financiación de dichos bienes o derechos o con los gastos no pagados.

Asimismo, la financiación de dichos activos puede tener su origen en aportaciones realizadas por los propietarios de la empresa, sin que haya obligación de devolvérselas.

Los ingresos y gastos serán los correspondientes a la actividad realizada.

b) Las fechas o diferentes momentos a que hace referencia la información sobre los elementos patrimoniales.

* Al comenzar el periodo sobre el que se quiere tener información se mostrará una relación de los elementos patrimoniales con su descripción y valoración.

* Durante el periodo la información registrará las operaciones realizadas que afecten a elementos patrimoniales como compras, gastos, ventas, cobros, pagos, inversiones, desinversiones, etc., elementos que obviamente modifican la situación patrimonial inicial.

* Al final del periodo se muestra la situación del patrimonio y el resultado obtenido —la diferencia entre ingresos y gastos— durante el periodo.

3. Controlar, en el sentido de que la información que muestra la contabilidad permite ver las consecuencias patrimoniales de las decisiones adoptadas.

2
EL BALANCE Y LA ECUACIÓN BÁSICA DEL PATRIMONIO

Tal como hemos visto, la contabilidad pretende mostrar el patrimonio de una empresa, institución o familia. Entendido el patrimonio como el conjunto de los bienes y derechos que han sido financiados mediante deudas, por aportación de los socios o por resultados, es decir, la diferencia entre ingresos y gastos, ya sea del actual periodo o de anteriores.

En el caso de empresas, se pretende obtener el mayor beneficio posible con la utilización de dichos bienes y derechos; en el caso de familias o de instituciones, el obtener un resultado económico no es lo prioritario, no obstante, en todos estos casos es necesario conocer en cada momento cuál es la situación de su patrimonio.

La diferencia entre el valor del conjunto de bienes y derechos y las deudas es el patrimonio neto.

El patrimonio

La representación del patrimonio de una empresa en una fecha determinada es el balance. En este se representan los componentes del patrimonio desde una doble vertiente:

19

1. La económica, que incluye los bienes o derechos que se utilizan para llevar a cabo la actividad y obtener beneficios, en caso de empresas. Esta parte del patrimonio se conoce como activo, estructura económica, inversiones o destino de los recursos, es decir, los bienes y derechos que posee la empresa en un momento determinado.

2. La financiera, que incluye los recursos que respaldan la estructura económica e incluyen obligaciones con terceros (pasivos), aportaciones de socios y resultados generados en la actividad. Esta es la estructura financiera, el origen de los recursos, es decir, cómo se sufragan los bienes y derechos que la empresa tiene en su activo.

Gráficamente el balance se representa de la siguiente manera:

ACTIVO O ESTRUCTURA ECONÓMICA	PATRIMONIO NETO Y PASIVO O ESTRUCTURA FINANCIERA
BIENES O DERECHOS	PATRIMONIO NETO
	PASIVO O DEUDAS

Tal como se aprecia los bienes o derechos han sido financiados íntegramente mediante dinero aportado por los propietarios o han quedado pendientes de pago, teniendo en este caso una deuda con el proveedor de los mismos.

De esta igualdad lógica resulta la **ecuación básica del patrimonio:**

$$\text{ACTIVO} = \text{Patrimonio neto} + \text{Pasivo}$$

Y de aquí resulta:

$$\text{PATRIMONIO NETO} = \text{Activo} - \text{Pasivo}$$

El importe de la estructura económica o ACTIVO es coincidente con el importe de la estructura financiera o PATRIMONIO NETO + PASIVO dado que cualquier elemento del activo habrá tenido una fuente de financiación determinada.

Ejemplo: Situación a 31 de diciembre del año N

ACTIVO		PASIVO	
Inmuebles	75.000	Capital y fondos propios	75.000
Tesorería	3.000	Deudas	25.000
Créditos	20.000		
Existencias	2.000		
TOTAL:	100.000	TOTAL:	100.000

Observamos que en esa fecha:

- Los bienes y derechos, componentes de la estructura económica o inversiones, están compuestos por: inmuebles, tesorería, créditos y existencias por importe total de 100.000.
- La financiación de estas inversiones tiene como origen la aportación de los socios y recursos generados por la empresa por 75.000 y deudas con terceros por 25.000.

Ejemplo 1. Dos sociedades, A y B, adquieren cada una de ellas un inmueble similar por un precio de 150.000 €. Una lo recibe mediante una aportación no dineraria de los socios y otra solicita un préstamo con garantía hipotecaria. ¿Cuál es el patrimonio de cada una en relación a esta operación?

Sociedad A

Inmueble (activo)	150.000
Deudas (pasivo)	0
Patrimonio	150.000

Sociedad B

Inmueble (activo)	150.000
Deudas (pasivo)	150.000
Patrimonio	0

Ejemplo 2. Al inicio del año N la sociedad A tiene la siguiente situación patrimonial:

Existencias	200	Deudas con bancos	500
Saldo en cuentas bancarias	100	Patrimonio	500
Otros activos	700		
TOTAL:	1.000	TOTAL:	1.000

Situación inicial:
Activo (1.000) – Pasivo (500) = Patrimonio neto (500)

Durante el año N, vende al contado las existencias por 400 y paga 200 por las deudas del banco. ¿Cuál es el patrimonio final?

Activo inicial	1.000
Menos minoración de existencias	–200
Más cobro en efectivo por la venta	400
Menos pago al banco por la deuda	–200
Total activo final:	1.000

Pasivo inicial	500
Menos devolución de la deuda	–200
Total pasivo final	300
Patrimonio neto inicial	500
Más resultado del ejercicio (400 – 200)	200
Total Patrimonio final	700

Situación final:
Activo (1.000) – Pasivo (300) = Patrimonio neto (700)

Los elementos patrimoniales

Los componentes del patrimonio son los activos, los pasivos y el patrimonio neto, y estos elementos se reflejan en el balance. Asimismo, en el desarrollo de la actividad aparecen también ingresos y gastos que se reflejarán en la cuenta de pérdidas y ganancias y tendrán su impacto en el patrimonio neto de la empresa. Estos componentes del patrimonio se pueden clasificar en elementos y masas patrimoniales.

- Las masas patrimoniales son tres: activo, pasivo y patrimonio neto.

- Los elementos patrimoniales son cada uno de los elementos que integran cada masa patrimonial, por ejemplo: dinero, mercaderías, mobiliario, préstamos, capital, reservas, etc.

Esta clasificación en masas y elementos patrimoniales es también aplicable a las familias, la única diferencia es la función que tienen en cada caso, así en las empresas es para obtener beneficios y en las familias para vivir lo mejor posible.

El activo

El activo está constituido por los bienes y derechos con contenido económico. Se engloban, por tanto, todos aquellos bienes y derechos en los que la empresa ha invertido los fondos puestos a su disposición, es decir, constituyen la materialización de la financiación de la empresa.

23

Es importante mencionar que la inversión y la financiación (Activo y Pasivo + Patrimonio neto) son las dos caras de la misma moneda y al igual que estas tienen el mismo tamaño.

No puede invertirse en algo que no se puede financiar ya sea mediante deudas que deben devolverse o mediante financiación que no debe devolverse, es decir, aportación de los propietarios o beneficios generados.

Los derechos que forman parte del activo son aquellos que tienen contenido económico, es decir, que pueden transformarse en dinero.

Así, en el caso de una familia formaría parte de su activo el derecho de cobro de una herencia en tramitación y la nómina del mes no cobrada aún. Pero no formaría parte del activo el derecho a la intimidad o el derecho a la vivienda que establece la Constitución española.

Una definición más técnica del activo es la que recoge el PGC como:

1) Conjunto de bienes, derechos y otros recursos controlados económicamente por la empresa. La idea de recursos controlados económicamente hace referencia a activos tales como un ordenador adquirido mediante *leasing* o alquiler en el que la duración del mismo es equivalente al tiempo que se prevé utilizar el ordenador. Es lo mismo comprar un ordenador y cambiarlo a los cuatro años que utilizarlo mediante un contrato de arrendamiento de cuatro años. En el primer caso, el ordenador es propiedad de la empresa y en el segundo caso no lo es. En ambos casos, el ordenador estaría en el activo.

2) Resultantes de sucesos pasados. Esto supone que para reflejar un activo ha de haberse producido un hecho previo, normalmente la compra del mismo. Por tanto, no puede considerarse como un activo aquellos bienes que se espera comprar en el futuro, en caso contrario, el activo sería muy grande pues podría incluir todos los bienes a comprar en el futuro.

Otra cuestión sería que se entregara una paga y señal para la compra de un coche el año que viene, el importe pagado sería un derecho con contenido económico que se materializará al comprar el coche pagando el importe total menos el pago ya realizado. En este caso, el activo debería incluir el importe de la paga y señal.

3) ...de los que se espera que la empresa obtenga beneficios o rendimientos económicos en el futuro. Esto significa que si se compra lotería de Navidad y se es muy optimista antes del sorteo podría considerarse como un activo pero, una vez realizado y comprobado que no ha sido agraciado, no debe aparecer como un activo en el balance.

Ejemplo. Una sociedad proporciona la siguiente información:

♦ Adquiere un ordenador por 1.000 €: es un activo.

♦ Tiene pensado adquirir programas informáticos al año siguiente: no es un activo, dado que es una operación que se producirá en el futuro.

♦ Adquiere una máquina para elaborar productos para su venta, no se tiene certeza de los resultados que se obtendrán en esta actividad: es un activo. No obstante, si la actividad va mal y debe cesar en la misma, puede ser que no se recupere el coste de la máquina, en este caso, podría minorarse el valor contable de la máquina para reflejar esta circunstancia, pero seguiría siendo un activo.

Está llevando a cabo un proyecto de investigación y desarrollo de incierto resultado. En este caso no se debe contabilizar como activo sino como un gasto.

¿Cómo se ordena el activo en el balance?

El activo se pone en la izquierda del balance. ¿Y por qué no se pone en la derecha o en medio?, podríamos preguntarnos. La respuesta es que la contabilidad pretende establecer una serie de reglas, convenciones o acuerdos para que todos puedan entender la información reflejada. Así, si el activo está en la izquierda, cualquier persona que lea el balance de una empresa sabrá que los elementos de la izquierda son los activos y los de la derecha, patrimonio neto o pasivo, aunque obviamente la denominación de los mismos ya podría dar información de qué tipo de elementos se trata. Podría haberse puesto al revés, pero en su momento se acordó este orden.

Una vez tenemos claro el lugar de los activos en el balance, se ha de decidir en qué orden se ponen. Podría haberse decidido que se ordenaran de más grandes a más pequeños, de más caros a más baratos o cualquier otro criterio. Pero el que se ha adoptado es que se ordenen en función de su liquidez, es decir, de la facilidad que tienen para convertirse en dinero.

Otra convención sobre su presentación en el balance es que se hacen dos grandes bloques en el activo: el corto plazo o «activo corriente» y el largo plazo que llamaremos «activo no corriente».

El periodo de tiempo que se considera como «corto plazo» será normalmente de 12 meses. Es decir, aquellos activos que se prevé que se convertirán en dinero en efectivo dentro de los 12 meses siguientes a la fecha del balance, serán activos corrientes o a corto plazo, y aquellos activos que se prevé que se convertirán en dinero en efectivo más allá de los 12 meses siguientes a la fecha del balance formarán parte del activo no corriente o a «largo plazo».

Primero se ponen en el balance los activos no corrientes y luego los activos corrientes distinguiendo unos y otros según los criterios siguientes:

1. Activo corriente o circulante: comprende los elementos del patrimonio que se espera vender, consumir y realizar a corto plazo, que será el transcurso del ciclo normal de explotación, que si no es identificable se considera en menos de un año.

Incluye aquellas partidas cuyo vencimiento, enajenación o realización se espera que se produzcan a corto plazo a partir de la fecha de cierre del ejercicio, también el efectivo y otros medios líquidos equivalentes.

Los activos corrientes más habituales son:

A. *Existencias:* se trata de activos poseídos para ser vendidos en el curso normal de la explotación, en proceso de producción o en forma de materiales o suministros para ser consumidos en el proceso de producción o en la prestación de servicios.

También se incluyen como existencias los pedidos y obras en curso con periodo prolongado de elaboración, así como las existencias de tipo inmobiliario que se destinen a la venta. Dentro de las existencias, las más habituales son las siguientes:

- Comerciales: son bienes adquiridos por la empresa y destinados a la venta sin transformación. Ejemplo de estas existencias serían los coches que compra un concesionario de vehículos para su venta o en una tienda de frutas las naranjas o peras compradas al mayorista o productor para su venta a los consumidores finales.
- Materias primas: son aquellas que, mediante elaboración o transformación, se destinan a formar parte de los productos fabricados. Como por ejemplo, en una panadería, la harina o levadura comprada para fabricar barras de pan o croissants.
- Otros aprovisionamientos, tales como combustibles, repuestos o material de oficina. Incluye los fabricados normalmente fuera de la empresa y adquiridos por esta para incorporarlos a su producción sin someterlos a transformación.

27

* Productos en curso: bienes o servicios que al final del ejercicio se encuentran en fase de formación o transformación. En la panadería sería la masa del pan o croissants que aún no están preparados porque les falta algún ingrediente.

* Productos semiterminados: los fabricados por la empresa y no destinados normalmente a su venta hasta que sean objeto de elaboración, incorporación o transformación posterior. En la panadería sería la masa del pan o los croissants que ya están preparados y que aún no se han utilizado para fabricar el producto.

* Productos terminados: los fabricados por la empresa y destinados al consumo final o a su utilización por otras empresas. En una pastelería serían los pasteles que están en la nevera o en el mostrador para su venta.

* Subproductos, residuos y materiales recuperados: los obtenidos inevitablemente y al mismo tiempo que los productos, siempre que tengan valor intrínseco y puedan ser utilizados o vendidos. En una carpintería sería el serrín que se produce al trabajar la madera y que se vende para otros usos.

B. Deudores por operaciones comerciales: son derechos de cobro o créditos frente a terceros que se originan en la actividad normal de la empresa. Los más habituales son los siguientes:

* Clientes: se originan cuando se venden productos o prestan servicios y el importe pactado no se cobra en efectivo.

* Deudores varios: puede incluir anticipos de remuneraciones al personal, créditos con las administraciones públicas por devoluciones de impuestos o gastos anticipados que pueden corresponder, por ejemplo, al pago por anticipado del alquiler de un local.

C. Inversiones financieras a corto plazo: incluye los derechos de cobro frente a terceros que no se originan en la actividad normal de la empresa, así como la inversión en otras empresas en concepto de socios de las mismas, compras de participaciones en fondos de inversión o depósitos bancarios o efectivo en la caja de la empresa o en el cajón en caso de familias.

2. Activo no corriente (fijo o inmovilizado): son aquellos elementos que sirven de manera duradera para la actividad de la empresa, por tanto, su destino no es la venta. Se incluyen también las inversiones financieras con vencimiento superior a un año. Los activos no corrientes más habituales son:

A. Inmovilizaciones intangibles:

◆ Concesiones administrativas
◆ Propiedad industrial
◆ Derechos de traspaso
◆ Aplicaciones informáticas

B. Inmovilizaciones materiales: son los activos tangibles que posee la entidad para su uso en la producción o suministro de bienes y servicios; para arrendarlos a terceros (en el caso de empresas cuya actividad habitual sea esta) o para uso propio y que al menos se espera utilizar durante más de un ejercicio económico.

El inmovilizado material se clasifica en función del destino que la entidad va a dar a dichos bienes y, más concretamente, en función de la forma en que van a generar los flujos de efectivo. Se trata de elementos que se van a utilizar durante varios años en el desarrollo de la actividad de la empresa, es decir no se gastan por su uso en un periodo corto de tiempo.

Por ejemplo, en una empresa de transporte escolar, los autocares serían parte del inmovilizado material dado que se van a utilizar durante varios años; en cambio, la gasolina que se utiliza no va a durar varios años sino que se va a consumir en un plazo corto, por tanto, esta no sería inmovilizado sino existencias.

Por otra parte, estos mismos autocares serán para la empresa fabricante parte de sus existencias dado que no se quiere utilizar dichos autocares para transportar a nadie sino para venderlos lo antes posible.

Los más habituales son:

- **Terrenos y bienes naturales:** se incluyen las fincas rústicas y los solares de naturaleza urbana que forman parte de un inmueble ya construido. Esto supone que al comprar un piso o local hay que distinguir la parte del solar y la de la construcción.

- **Construcciones:** edificaciones en general, cualquiera que sea su destino dentro de la actividad productiva de la empresa. No obstante, para una empresa que se dedica a comprar y vender pisos o locales, estos serían existencias dado que se pretende venderlos y no utilizarlos para producir bienes o prestar servicios. En una inmobiliaria el local donde están las oficinas formaría parte de su inmovilizado porque no se quiere venderlo, sino utilizarlo para el desarrollo de la actividad.

  La diferencia de considerar un elemento como inmovilizado o como existencias es importante. Si se considera como existencias la utilización de dichos elementos, por ejemplo los autocares que hemos mencionado, supondrá que estos irán perdiendo valor por su uso y por el transcurso del tiempo. Esta pérdida de valor deberá reflejarse como un gasto de la empresa y con un valor menor.

  Si se considera que son existencias, dado que no se utilizan los autocares no pierden valor y, como se pretenden vender lo antes posible tampoco tendrán, en general, pérdida de valor por ese motivo.

- **Instalaciones técnicas:** unidades complejas de uso especializado en el proceso productivo que comprenden edificaciones, maquinaria, material, piezas o elementos como los sistemas informáticos que aun siendo separables por naturaleza están ligados de forma definitiva para su funcionamiento y sometidos al mismo ritmo de amortización; pertenecen a este grupo también los repuestos o recambios válidos exclusivamente para este tipo de instalaciones. Por ejemplo, en una empresa de elaboración de cava, se incluirían las instalaciones para realizar de forma automática todas las fases de preparado de las botellas para su venta, desde el transporte al llenado de botellas, la puesta de corchos, etiquetas, colocación en cajas, etc.

+ **Maquinaria:** conjunto de máquinas mediante las cuales se realiza la elaboración de los productos. En el caso de una panadería sería el horno.

+ **Utillaje:** conjunto de utensilios o herramientas que se pueden utilizar autónomamente o conjuntamente con la maquinaria, incluidos los moldes y plantillas. En el caso de un taller de coches serían las herramientas utilizadas.

+ **Mobiliario:** material y equipos de oficina. Incluiría mesas, sillas, armarios, etc.

+ **Equipos para procesos de información:** ordenadores y demás conjuntos electrónicos.

+ **Elementos de transporte:** vehículos de todas clases utilizables para el transporte de personas, animales, materiales o mercaderías.

C. Inversiones inmobiliarias: pisos o locales destinados para su venta o alquiler en empresas cuyo objeto habitual no sea el alquiler o la compraventa inmobiliaria.

D. Inversiones financieras a largo plazo: son aquellas que como socios o propietarios se hacen con intención de mantenerlas a largo plazo en empresas. Pueden ser acciones o fondos de inversión.

También lo son las inversiones en otras empresas o instituciones con la intención del reembolso y retribución de su inversión tales como: obligaciones, bonos y letras del tesoro. Asimismo pertenecen a este apartado las imposiciones a largo plazo o depósitos a plazo fijo durante un plazo superior al año.

El pasivo

Al hablar de pasivo de un balance se puede hacer referencia a dos puntos de vista:

Uno amplio, que incluye la totalidad de la financiación de la empresa, ya sea exigible por terceros o no exigible por terceros (aportaciones de socios y resultados generados).

Otro más restringido, que hace referencia a la financiación recibida de terceros con obligación de devolverla, o sea, deudas. Este es el punto de vista que habitualmente vamos a utilizar.

¿Qué características tienen los pasivos entendidos como deudas?

+ Son obligaciones actuales surgidas como consecuencia de sucesos pasados: se trata de contabilizar las obligaciones de pagar algo a alguien por hechos que ya han sucedido. Por ejemplo, el importe de la compra de un ordenador, de los servicios prestados por un abogado, o de las deudas con la Hacienda Pública que todavía no se han pagado. Lógicamente no se incluyen deudas por operaciones o hechos que sucederán en el futuro.

+ Son deudas para cuya extinción la empresa tendrá que pagar. Si no se espera pagar importe alguno, no debe reflejarse una deuda. Por ejemplo, si un club de fútbol de segunda división ficha a un jugador estableciendo que le pagará una cantidad adicional si gana la Champions en dos años, como lo probable es que no la gane, no deberá pagar cantidad adicional alguna, por ello, no debe contabilizar pasivo por este motivo.

◆ Son deudas que se pueden valorar con fiabilidad mediante una estimación razonable. Así, si se establece que se compra un coche y que la cantidad a pagar estará en función al número premiado en el Gordo de la lotería de Navidad, no se puede valorar el importe a pagar y, por tanto, no puede reflejarse pasivo por esta compra, no obstante, cabe informar de esta operación en la «Memoria», documento contable del que luego hablaremos.

Ejemplo. Una empresa proporciona la siguiente información:

◆ Adquiere un equipo informático por 1.000 €, paga 500 y el resto lo satisfará en 3 meses: tiene una obligación de pago (pasivo) por 500 €.

◆ Tiene un compromiso con sus trabajadores de pagarles un complemento a su pensión cuando se jubilen.

◆ La estimación actual, en base a los años trabajados y el periodo en que se prevé su jubilación, asciende a 2.000 €; este importe es un pasivo.

¿Cómo se ordena el pasivo en el balance?

La convención adoptada es la de clasificar el pasivo en dos bloques y colocarlos en el balance en función de su exigibilidad. Primero se ponen los pasivos que hay que pagar en un periodo superior al año y luego los que se prevé pagar en un plazo inferior al año. Estos dos bloques de pasivos deben estar separados entre: el pasivo no corriente y el pasivo circulante o corriente.

1. Pasivo corriente, circulante o a corto plazo: comprende las obligaciones cuyo vencimiento o extinción se espera que se produzcan en el plazo máximo de un año contado a partir de la fecha de cierre del ejercicio. Normalmente tiene su origen en la financiación de los proveedores de bienes y servicios, créditos concedidos por entidades financieras, deudas pendientes con administraciones públicas o con la Seguridad Social.

Los pasivos corrientes más habituales son los siguientes:

◆ Acreedores por operaciones comerciales: son deudas originadas por la actividad de la empresa, tales como compra de productos a proveedores, servicios recibidos de abogados o asesores, deudas con la Hacienda Pública o la Seguridad Social o cobro anticipado del importe del alquiler de un local alquilado.

◆ Deudas financieras a corto plazo: corresponde a las deudas que no están originadas por la actividad habitual de la empresa, incluiría la deuda con el banco por las cuotas a pagar en un plazo inferior al año.

2. Pasivo no corriente: se trata de deudas u obligaciones con vencimiento o extinción superior a un año. Es el pasivo que no se considera corriente, circulante o a corto plazo y se origina normalmente por préstamos con vencimiento superior a un año.

Los pasivos no corrientes más habituales son los siguientes:

◆ Deudas a largo plazo con entidades de crédito: como cuotas a pagar al banco en un plazo superior a un año por un préstamo hipotecario.

◆ Proveedores de inmovilizado a largo plazo. Por ejemplo, compramos un local comercial y pactamos con el vendedor que le pagaremos parte del precio el año que viene.

34

El patrimonio neto

El patrimonio neto es la diferencia entre los activos y pasivos. Incluye las aportaciones realizadas por sus socios, ya sea en el momento de su constitución o en otros posteriores, así como los resultados acumulados durante la vida de la empresa.

También forman parte del patrimonio neto las cuentas que representan ingresos que se imputarán a resultados de ejercicios futuros, pero que en el momento de la elaboración del balance todavía no se han materializado. Estas cuentas hacen referencia principalmente a subvenciones, ingresos fiscales futuros originados por hechos ya sucedidos.

Esta masa patrimonial representa lo que realmente tiene una empresa o familia, ya que no es lo mismo una familia que tiene un piso, dos apartamentos y tres coches que ha comprado por 2.000.000 € pero que para ello ha pedido dinero al banco 1.999.000 € que aquella familia que tiene un piso y un coche comprados por 300.000 € que ya ha pagado con sus ahorros y que no tiene deudas.

¿Quién es más rico: el que tiene más inmuebles y coches y los debe al banco o quien tiene menos y no tiene deudas?

Obviamente será más rico o menos pobre, según sea de optimista la familia, la del segundo caso, que tendrá un patrimonio de 300.000 € mientras que la familia que aparentemente —ya que los demás seguramente no sabrán que tiene tantas deudas— tiene más patrimonio en realidad tiene mucho menos:

$$2.000.000 - 1.999.000 = 1.000 €.$$

¿Qué incluye el patrimonio neto?

Los componentes más habituales son los siguientes:

- Fondos propios: están formados por las aportaciones de los socios y los beneficios generados en el año o anteriores no distribuidos a los socios.

  Esto no quiere decir que se tenga el dinero correspondiente a las aportaciones o a los beneficios en el banco dado que lo que se recibe o se obtiene se materializa en cualquier elemento del activo.

- Subvenciones: recursos obtenidos de terceros no socios, normalmente instituciones públicas, sin obligación de reembolso. Por ejemplo, subvenciones recibidas del Ministerio de Cultura o de la Generalitat para producir películas.

Ejemplo 1. Una empresa se constituye mediante la aportación de 100 por parte de sus socios.

- El objeto de su actividad es la compra y venta al contado de material de oficina mediante pedido previo de los clientes.
- El resultado del ejercicio es de 20.
- Inicialmente tendrá efectivo (activo) de 100 y un patrimonio neto de 100 (aportación de socios).

Al final del ejercicio su efectivo será de 120 (100 iniciales más beneficio cobrado de 20) y su patrimonio neto será el activo menos los pasivos: 120 – 0 = 120, que es equivalente a la aportación inicial de los socios más el beneficio del ejercicio: 100 + 20 = 120.

Ejemplo 2. Una empresa facilita la siguiente información de sus elementos patrimoniales:

Equipos informáticos:	100
Material de oficina y mobiliario	100
Dinero en cuentas bancarias	20
Local de su propiedad	1.000
Deudas por compra del local	800
Deuda a proveedores de equipos informáticos	50

¿Cuál es el patrimonio neto?

Activos: $100 + 100 + 20 + 1.000 = 1.220$

Deudas: $800 + 50 = 850$

Patrimonio neto: $1.220 - 850 = 370$

El balance

El balance de una empresa representa su patrimonio y muestra los activos, los pasivos y el patrimonio neto. Es la imagen estática de la situación patrimonial de la empresa en un momento determinado.

El balance presenta en forma de igualdad los medios económicos activos o inversiones y los financieros o fuentes de financiación reflejados, respectivamente, en cada una de las dos partes en que se divide: activo a la izquierda y patrimonio neto y pasivo a la derecha.

Con el fin de que las empresas muestren su información de una forma homogénea que permita a los demás poder analizar su patrimonio neto por componentes e importes, el Plan General de

Contabilidad incluye, entre otras cuentas, la siguiente estructura del balance:

ACTIVO	PATRIMONIO NETO Y PASIVO
A) ACTIVO NO CORRIENTE	A) PATRIMONIO NETO
	A-1) Fondos propios
Inmovilizado intangible	Capital
Inmovilizado material	Prima de emisión
Inversiones inmobiliarias	Reservas
Inversiones financieras	(Menos acciones y participaciones en patrimonio propias)
	Resultados de ejercicios anteriores (puede ser + o –)
	Otras aportaciones de socios
	Resultado del ejercicio (puede ser + o –)
	(Menos dividendo a cuenta)
	A-2) Subvenciones
	B) PASIVO NO CORRIENTE
	Deudas a largo plazo
	Periodificaciones a largo plazo
B) ACTIVO CORRIENTE	C) PASIVO CORRIENTE
Existencias	
Deudores comerciales y otras cuentas a cobrar	Deudas a corto plazo
Inversiones financieras a corto plazo	
Periodificaciones a corto plazo	Periodificaciones a corto plazo
Efectivo y depósitos en entidades financieras	
TOTAL ACTIVO (A + B)	TOTAL PATRIMONIO NETO Y PASIVO (A + B + C)

Para poder hacer un sencillo análisis del balance conviene tener presente lo siguiente:

◆ El patrimonio neto es lo que realmente tiene la empresa después de pagar todas sus deudas. Esta idea puede ser no del todo cierta cuando haya elementos del activo que se valoren por un importe inferior al del mercado.

Por ejemplo, se compran por 3.000 € el 100 % de las acciones de una sociedad que presta servicios a través de Internet y que ha resultado muy innovadora habiendo obtenido excelentes resultados, por lo que es posible que haya una multinacional extranjera que quiera comprarla pagando 1.000.000 €. En este caso las acciones podrían valer mucho más de lo que está reflejado en el balance, pero la norma contable no permite aumentar dicho valor, por lo que el patrimonio contable no reflejará este posible beneficio tan importante.

Si el patrimonio neto es negativo, lo que puede producirse cuando haya resultados negativos del ejercicio o anteriores, la situación de la empresa será negativa, dado que podría darse el caso de no poder pagar sus deudas con los activos que tiene.

En este caso, la empresa estaría en situación de quiebra, no obstante habría que analizar cuáles son las expectativas futuras de obtención de beneficios para comprobar si esta conclusión es cierta o no.

◆ En caso de que el pasivo corriente —deudas a corto plazo— sea mayor que el activo corriente, aunque el patrimonio neto sea positivo y muy grande, podría ser indicativo de una situación de insolvencia a corto plazo ya que podría darse el caso de no poder pagar las deudas que vencen pronto con el dinero que se pueda obtener.

Esta situación podría llevar a un proceso de concurso de acreedores, no obstante hay que tener en cuenta las fechas de pagos y cobros y la capacidad de la empresa de obtener dinero adicional, por ejemplo, mediante pólizas de crédito de bancos o mediante aportaciones de socios.

Ingresos y gastos

Relación de la actividad con los ingresos y gastos

Las empresas tienen un objeto social o una actividad que puede consistir o bien en vender bienes producidos o comprados a terceros o bien prestar servicios, esta actividad genera ingresos. En el caso de las familias, la actividad consiste en vivir.

Para la realización de dichas actividades, en el caso de la empresa se utilizan medios humanos (el personal) y medios materiales (los activos), además de incurrir en una serie de gastos sin los que no podría llevarse a cabo la actividad.

Y en el caso de las familias se utiliza normalmente el trabajo de sus miembros o su patrimonio para obtener ingresos y se incurre en gastos para poder vivir y disfrutar de la vida.

Ingresos, gastos y patrimonio neto

La diferencia entre los ingresos y los gastos del periodo es el «resultado del ejercicio».

Los resultados de periodos anteriores que no se han distribuido a sus socios forman parte de las «reservas de la empresa».

Tanto el resultado del ejercicio como las reservas forman parte del patrimonio neto.

¿Qué son los ingresos?

Según definición técnica del Plan General de Contabilidad aprobado por el Real Decreto 1515/2007, en adelante PGC, los ingresos son:

◆ Incrementos en el patrimonio neto de la empresa durante el ejercicio: los ingresos permiten que la empresa o familia aumente su patrimonio o sea más rica para ello, obviamente, los gastos deben ser menores que esos ingresos ya que en ocasiones *no es más rico quien más gana sino quien menos gasta.*

◆ Pueden ser entradas o aumentos en el valor de los activos o de disminución de los pasivos: cuando se trabaja, se venden bienes o prestan servicios se aumenta el activo, dado que se obtiene dinero o se genera un derecho de cobrar dinero en el futuro; pero en ocasiones no se cobra nada, sino que se está reduciendo una deuda previa, por ejemplo, si la empresa donde se trabaja ha anticipado sueldos de meses siguientes, no se cobra la nómina íntegra sino que se reduce la deuda con la misma.

◆ Se consideran ingresos siempre que no tengan su origen en aportaciones, monetarias o no, de los socios o propietarios. Si se recibe dinero u otros bienes de los socios y no corresponde al pago por servicios prestados o bienes entregados por la sociedad, no se consideran ingresos, sin perjuicio de considerarse más patrimonio neto.

¿A dónde van los ingresos contabilizados?

Al resultado del periodo que tiene su reflejo en la cuenta de pérdidas y ganancias que veremos más adelante.

Otros se imputan directamente al patrimonio neto sin pasar previamente por la cuenta de pérdidas y ganancias porque se considera que los mismos todavía no se han realizado, como es el caso de las subvenciones recibidas.

Los ingresos más habituales que van a la cuenta de pérdidas y ganancias son los siguientes:

De explotación: son los que se generan en las actividades habituales. Algunos de los más habituales pueden ser:

♦ Ventas de mercaderías
♦ Prestaciones de servicios
♦ Ingresos por arrendamientos
♦ Ingresos por comisiones

Financieros: son los rendimientos de las inversiones financieras. Algunos de los más habituales pueden ser:

♦ Ingresos de participaciones en instrumentos de patrimonio, como los dividendos percibidos por participaciones en otras empresas.
♦ Ingresos de valores representativos de deuda: retribución de inversiones en otras empresas o del Estado en concepto de acreedor, es decir, se va a devolver el importe invertido más la retribución pactada.
♦ Beneficios por valoración de instrumentos financieros por su valor razonable: aumento de la cotización de valores que cotizan en bolsa y se han adquirido con intención de especular y obtener ganancias rápidas.
♦ Diferencias positivas de cambio: por ejemplo, si se tiene una cuenta en dólares y sube la cotización del euro respecto al dólar, aumentará el saldo de la cuenta y habrá un ingreso por diferencia positiva de cambio.

Ejemplo. Una empresa que se dedica a la venta de productos informáticos y elaboración de programas informáticos facilita la siguiente información en relación a sus ingresos:

Venta de productos informáticos	100
Elaboración de programas informáticos	120
Intereses de cuentas bancarias	10
Venta de acciones cotizadas en bolsa	
compradas a 5 y vendidas por 8	3

Aportación de socios para hacer frente a pagos por 20 (este no es un ingreso dado que tiene su origen en aportaciones de los socios).

¿Qué es un gasto?

Si se paga una cantidad por la adquisición de un bien o un servicio es posible que lo que se compra no sea un activo, entonces ¿qué es lo que se ha comprado o recibido? Con toda probabilidad es un gasto.

Técnicamente el PGC describe los gastos como:

◆ Decrementos en el patrimonio neto de la empresa durante el ejercicio: si se adquiere un bien o un servicio y no se está comprando un activo, disminuirá el patrimonio neto. Por ejemplo, en el caso de una familia que va a comer a un restaurante el coste de la comida supone que tiene menos dinero y patrimonio.

◆ Ya sea en forma de salidas o disminuciones en el valor de los activos, o de reconocimiento o aumento del valor de los pasivos: en el caso de una empresa que compra tinta de impresora o bien la paga y tiene menos dinero o la pagará al final del periodo pactado con el proveedor y entonces tendrá una deuda con este.

◆ Siempre que no tengan su origen en distribuciones, monetarias o no, a los socios o propietarios, en su condición de tales: si una sociedad le paga las vacaciones a la familia del socio mayoritario, que no trabaja en la empresa, el motivo de este pago no es su participación en la actividad de la empresa sino porque dicho socio puede ordenar al administrador que se lo pague y en caso de negarse podría echarle.

¿A dónde van los gastos contabilizados?

Pueden ir al resultado del periodo reflejándose en la cuenta de pérdidas y ganancias o pueden ir directamente al patrimonio neto sin pasar previamente por la cuenta de pérdidas y ganancias, porque se considera que los mismos todavía no se han realizado. Este sería el caso de inversiones en Bolsa que se pretenden tener a largo plazo y que han bajado su cotización temporalmente.

Los gastos más habituales imputados a pérdidas y ganancias son los siguientes:

1. De explotación: son los producidos en las actividades habituales. Entre estos están los aprovisionamientos de mercaderías y demás bienes adquiridos por la empresa para revenderlos, bien sea sin alterar su forma y sustancia, o previo sometimiento a procesos industriales de adaptación, transformación o construcción. También están comprendidos todos los gastos del ejercicio, incluidas las adquisiciones de servicios y de materiales consumibles, la variación de existencias adquiridas y otros gastos y pérdidas del ejercicio.

Compras
Arrendamientos y cánones
Reparaciones y conservación
Servicios de profesionales independientes
Transportes
Primas de seguros
Servicios bancarios y similares
Publicidad, propaganda y relaciones públicas
Suministros
Impuesto sobre beneficios
Gastos de personal

* Dotaciones para amortizaciones: corresponde a la pérdida de valor de los activos no corrientes por su utilización o por aparecer otros más avanzados tecnológicamente que motivan la sustitución de los antiguos como, por ejemplo, móviles u ordenadores.

* Pérdidas por deterioro: esto ocurre si cuando se tiene un solar para su venta baja el precio de mercado, y vale menos de lo que costó, esta pérdida de valor es un gasto por deterioro.

En este concepto también se recogen pérdidas probables derivadas de la falta de pago por parte de clientes de los créditos concedidos por la sociedad. Es el caso de entidades de crédito que un día son muy solventes y al día siguiente están en quiebra y necesitan un rescate financiero. Esto se debe a que en el primer caso se ha considerado que los clientes iban a hacer frente al pago de sus préstamos con garantía hipotecaria, pero tras un análisis pormenorizado de los mismos se llega a la conclusión de que los clientes no van a pagar y por tanto, debe reflejarse un gasto por deterioro de estos créditos.

2. Financieros: corresponden al pago de los gastos financieros de las deudas de la empresa. En estos se incluyen las diferencias negativas de cambio. Por ejemplo, si se tiene una cuenta en dólares y baja la cotización del euro respecto al dólar, disminuirá el saldo de la cuenta y habrá un gasto por diferencia negativa de cambio.

Ejemplo. Una empresa que se dedica a la venta de productos informáticos y a la elaboración de programas, facilita la siguiente información en relación a sus gastos:

Compras de productos informáticos vendidos en el ejercicio	50
Gastos del personal de la empresa	60
Consumos de electricidad, agua, etc.	10
Servicios de profesionales diversos	5

Uno de los socios, que no trabaja en la sociedad, retira 20 de la empresa para sus gastos personales. Esto no es un gasto dado que supone una minoración de activo con destino a socios en su condición de tales, no como retribución por trabajos ni servicios prestados a la sociedad.

¿Cuándo contabilizar los ingresos y gastos?

Para cuantificar adecuadamente los ingresos y gastos es básica la aplicación del principio contable del «devengo». Este principio establece que: «los efectos de las transacciones o hechos económicos se registrarán cuando ocurran, imputándose al ejercicio al que las cuentas anuales se refieran los gastos y los ingresos que afecten al mismo, con independencia de la fecha de su pago o de su cobro».

Esto supone que solo se deben contabilizar los ingresos o gastos cuando se han producido, es decir, no se pueden contabilizar aquellos que se producirán en el futuro.

Esto que resulta tan lógico, si se incumple provoca que el resultado del ejercicio sea mucho mayor o mucho menor del que debería ser y, por tanto estaría dando una imagen equivocada del patrimonio de la empresa.

En todo caso hay que tener en cuenta que el gasto o ingreso es independiente de cuando se cobre o pague. Por ejemplo, si se hace la compra semanal en el supermercado pagándola con VISA al mes siguiente, el gasto corresponderá a la semana que se consume y no cuando se pague.

Asimismo, si se presta un servicio de transporte escolar y se cobra a 60 días, el ingreso corresponderá al periodo en que se ha realizado el transporte no en el periodo en que se cobra.

Por otra parte, los ingresos deben correlacionarse con los gastos. Lo que supone que se registrarán en el periodo los ingresos y gastos devengados en este, estableciéndose una correlación entre ambos.

Por ejemplo, si nos dedicamos a la compraventa de coches y vendemos un coche por 30.000 que ha costado 20.000, hemos de contabilizar un ingreso de 30.000 y un gasto de 20.000. Si hemos comprado otro coche por 18.000 que no hemos vendido, esta compra no es un gasto del ejercicio.

Ejemplo. Una empresa vende productos informáticos al contado y el plazo de pago al proveedor es de 30 días.

+ El último mes del ejercicio compra productos por 100 (que pagará el periodo siguiente) y los vende al contado por 150.
+ El beneficio de esta operación será de 150 − 100 = 50, en cambio, el aumento del activo habrá sido de 150 (importe cobrado), no obstante hay que tener en cuenta que el pasivo habrá aumentado en 100.

Se aprecia que el reflejo contable de los ingresos y gastos, a efectos de cuantificar el resultado del ejercicio es independiente del momento del cobro o de los pagos de los mismos.

Ejemplo. Una empresa compra al contado productos informáticos que vende concediendo un plazo de pago a sus clientes de 30 días.

◆ El último mes del ejercicio compra productos por 100 (que pagará al contado) y los vende por 150 (cobrándolos el periodo siguiente).

◆ El beneficio de esta operación será de 150 – 100 = 50. El aumento del activo habrá sido de 150 – 100 = 50, importe del crédito a clientes menos pagos a proveedores, y el pasivo no habrá aumentado.

Se aprecia que el reflejo contable de los ingresos y gastos, a efectos de cuantificar el resultado del ejercicio, es independiente del momento del cobro o de los pagos de los mismos.

Ejemplo. Una empresa vende productos informáticos.

◆ Al final del ejercicio ha vendido productos por 150 de los que no ha recibido todavía la factura del proveedor por 100.

◆ En este caso, deberá igualmente contabilizar el gasto de la compra aunque no tenga la factura correspondiente, dado que dichos productos ya se han vendido.

De esta manera se correlaciona el importe de la venta de productos (150) con el gasto por la compra (100), siendo el resultado de 150 – 100 = 50 con independencia del cobro y pago y de que se disponga de facturas correspondiente a los ingresos o gastos.

Ejemplo. Una sociedad es propietaria de dos locales que alquila a diferentes arrendatarios:

◆ El local A lo alquila por 100/mes y lo cobra el primer día del mes siguiente.

◆ El local B lo alquila por 100/mes cobrando por anticipado el importe del trimestre. El último alquiler cobrado corresponde al mes de diciembre.

◆ Los ingresos producidos a 31 de diciembre (último día del ejercicio) son los siguientes:
Local A: el ingreso es 100 porque ya se ha utilizado el local por parte del arrendatario y se ha generado el derecho a percibir el alquiler aunque se cobre el periodo siguiente.
Local B: el ingreso devengado es de 100 aunque se haya cobrado 300 (el importe de 3 meses). El importe cobrado correspondiente a los meses de enero y febrero del año siguiente no son ingresos de este ejercicio dado que el arrendatario tiene derecho a su utilización y, por lo tanto, la empresa tiene una obligación de ceder su uso durante los 2 meses siguientes sin poder exigir pago adicional alguno.

Ejemplo. Una empresa contrata un seguro sobre el local donde realiza su actividad.

◆ El pago del seguro por importe de 120 se produce el 30 de agosto y es anual.

◆ Al final del año, del importe pagado únicamente la parte devengada en el ejercicio (4 meses) será el gasto del ejercicio: 120 / 12 × 4 = 40.

◆ El año siguiente la empresa tiene derecho a que la compañía de seguros le cubra el riesgo del inmueble sin tener que pagar importe adicional alguno, por tanto tiene un activo (por haber pagado por anticipado un gasto correspondiente al año siguiente) de (120 / 12) × 8 meses del año siguiente durante los que la compañía le cubre el riesgo.

En el año siguiente, este crédito se contabilizará como un gasto dado que la compañía de seguros le habrá cubierto el riesgo sin tener que pagar importe alguno por el periodo transcurrido hasta el 30 de agosto y, a partir de esa fecha ese crédito no tendrá valor alguno y dejará de ser un activo al haberse extinguido el derecho correspondiente al mismo.

Impacto de los ingresos y gastos en el patrimonio neto

El resultado del ejercicio es la diferencia entre los ingresos y gastos devengados en el mismo.

En la medida que los ingresos devengados sean mayores que los gastos el patrimonio neto aumentará y habrá supuesto un aumento del activo o una minoración del pasivo.

En la medida en que los ingresos sean menores que los gastos, el patrimonio neto disminuirá y habrá supuesto una minoración del activo o un aumento del pasivo.

La cuenta de resultados o de pérdidas y ganancias

Los ingresos y gastos se reflejan en la cuenta de pérdidas y ganancias, que es un documento normalizado obligatorio.

A los efectos de que las empresas muestren su información de una forma homogénea que permita a los demás poder analizar su cuenta de pérdidas y ganancias por componentes e importes, el Plan General de Contabilidad incluye, entre otras cuentas, la siguiente estructura:

CUENTA DE PÉRDIDAS Y GANANCIAS
1. Importe neto de la cifra de negocios
a) Ventas
b) Prestaciones de servicios
2. Variación de existencias de productos terminados y en curso de fabricación
3. Trabajos realizados por la empresa para su activo
4. Aprovisionamientos[1]
a) Consumo de mercaderías
b) Consumo de materias primas y otras materias consumibles
c) Trabajos realizados por otras empresas
d) Deterioro de mercaderías, materias primas y otros aprovisionamientos
5. Otros ingresos de explotación
a) Subvenciones de explotación incorporadas al resultado del ejercicio
6. Gastos de personal
a) Sueldos, salarios y asimilados
b) Cargas sociales
7. Otros gastos de explotación
a) Servicios exteriores
b) Tributos
c) Pérdidas, deterioro
8. Amortización del inmovilizado
9. Deterioro y resultado por enajenaciones del inmovilizado
a) Deterioros y pérdidas
b) Resultados por enajenaciones
A.1) RESULTADO DE EXPLOTACIÓN (1 + 2 + 3 + 4 + 5 + 6 + 7 + 8 + 9)

10. Ingresos financieros
a) De participaciones en instrumentos de patrimonio
b) De valores negociables y otros instrumentos financieros
11. Gastos financieros
12. Variación de valor razonable en instrumentos financieros
13. Diferencias de cambio
14. Deterioro y resultado por enajenaciones de instrumentos financieros
A.2) RESULTADO FINANCIERO (10 + 13 + 14)
A.3) RESULTADO ANTES DE IMPUESTOS (A.1 + A.2)
17. Impuestos sobre beneficios
A.4) RESULTADO DEL EJERCICIO (A.3 + 17)

1. El coste de las ventas o importe de la cuenta de aprovisionamientos.

La cuenta de aprovisionamientos cuantifica cuánto han costado las ventas realizadas. La diferencia entre las ventas y el coste de ventas es el resultado de la venta.

Es el caso de una empresa de compraventa de ordenadores que al principio del año tienen 200 ordenadores, compran 1.000 durante el ejercicio y venden 950 ordenadores, al final del año tendrán 250 como existencias finales.

El importe de aprovisionamiento será el correspondiente a los 950 ordenadores vendidos.

Para cuantificar el coste de las ventas cabe aplicar lo siguiente:
En unidades:

existencias iniciales + compras − existencias finales =
unidades vendidas 200 + 1.000 − 250 = 950

En importe:

existencias iniciales + compras − existencias finales =
coste de las unidades vendidas.

3
LA ECUACIÓN DEL PATRIMONIO
Y LOS INGRESOS Y GASTOS

Como hemos visto anteriormente la ecuación básica del patrimonio es:

$$PATRIMONIO = ACTIVO - PASIVO$$

Considerando los ingresos y gastos del ejercicio, la ecuación se amplía porque la diferencia entre los ingresos y gastos equivale al resultado del ejercicio, y este forma parte del patrimonio neto de la empresa. Así tenemos lo siguiente:

$$ACTIVO = PATRIMONIO\ NETO + PASIVO +$$
$$(INGRESOS - GASTOS = RESULTADO\ DEL\ EJERCICIO)$$

$$ACTIVO = PATRIMONIO\ NETO + RESULTADO + PASIVO$$

$$ACTIVO = PATRIMONIO\ NETO$$
$$(QUE\ INCLUYE\ EL\ RESULTADO) + PASIVO$$

Esto supone que si el resultado del ejercicio es negativo, para mantener la igualdad básica, se minora el activo o se aumenta el pasivo.

Si el resultado es positivo, para cuadrar la ecuación, o aumenta el activo y/o se minora el pasivo.

Ejemplo. Una empresa se constituye mediante una aportación de 100 por parte de sus socios. El objeto de su actividad es la compraventa al contado de material de oficina mediante pedido previo de los clientes.

+ El resultado del ejercicio es 20.
+ Inicialmente tendrá efectivo (activo) de 100 y un patrimonio neto de 100 (aportación de socios).

Al final del ejercicio su efectivo será de 120 (100 iniciales más el beneficio cobrado de 20) y su patrimonio neto será el activo menos los pasivos: 120 – 0 = 120, que es equivalente a la aportación inicial de los socios más el beneficio del ejercicio: 100 + 20 = 120.

Ejemplo. Una empresa se constituye mediante la aportación de 100 por parte de sus socios. El objeto de su actividad es la compraventa al contado de material de oficina mediante pedido previo de los clientes.

+ El resultado del ejercicio es negativo por 20.
+ Inicialmente tendrá efectivo (activo) de 100 y un patrimonio neto de 100 (aportación de socios).

Al final del ejercicio su efectivo será de 80 (100 iniciales menos la pérdida del ejercicio de 20) y su patrimonio neto será el activo menos los pasivos: 80 – 0 = 80, que es equivalente a la aportación inicial de los socios menos la pérdida del ejercicio: 100 – 20 = 80.

El método de la partida doble

El método de la partida doble es un procedimiento de registro de las operaciones en la contabilidad. Se trata de una convención entre los contables para reflejar las operaciones de una manera determinada. Según este método las operaciones se registran en un documento contable llamado «diario», que más adelante explicaremos.

El diario tiene dos partes: izquierda (debe) y derecha (haber). El método de partida doble quiere decir que las anotaciones en dicho documento siempre se hacen doblemente, es decir, el importe que se haya puesto en una parte también se pondrá en el otro lado. Por tanto, la contabilidad siempre cuadrará, en el sentido de que la totalidad de los importes anotados en debe y haber siempre coincidirán.

El funcionamiento práctico del método es el siguiente:

En las operaciones contables que reflejan los hechos económicos siempre nos vamos a encontrar elementos patrimoniales afectados, ya sean de activo, pasivo, patrimonio neto, ingresos o gastos.

En el reflejo contable de cualquier operación siempre se cumple la ecuación básica del patrimonio:

ACTIVO = PATRIMONIO NETO + PASIVO.

Esta igualdad es una de las bases fundamentales del procedimiento de registro contable denominado «método de la partida doble».

Los fundamentos del método de partida doble son los siguientes:

* La ecuación básica del patrimonio siempre se cumple.
* En cualquier hecho contable, hay al menos dos elementos de la ecuación afectados (pueden ser del mismo tipo, por ejemplo, dos activos o dos pasivos) que varían en su importe. Esto supone registrar al menos dos anotaciones para recoger dichas variaciones.

Las variaciones de los elementos afectados se contrarrestan entre sí los efectos de la ecuación básica (por ejemplo, minoración de un activo y aumento del otro por el cobro de un crédito de un cliente), de forma que la igualdad en dicha ecuación sigue cumpliéndose.

Ejemplos.

* Si se compra una cámara de fotos en efectivo, la operación afectará al dinero y a la cámara de fotos (ambos elementos del activo), la primera disminuye y la segunda aumenta por el mismo importe.
* Si se compra una cámara de fotos y se paga el mes que viene, la operación afectará a la cámara de fotos, que es un activo y a la deuda que aparece, que es de pasivo, ambos aumentan por el mismo importe.
* Cuando se pague al mes que viene la deuda por la compra de la cámara, disminuirá la deuda (elemento de pasivo) y disminuirá el dinero (cuenta de activo), por el mismo importe.
* Si nos toca la lotería y cobramos el premio, aumenta el dinero, que es un activo, y la contrapartida es un ingreso, que es más patrimonio neto por el mismo importe.
* Si nos vamos de crucero y pagamos en efectivo, disminuye el dinero, que es un activo, y aparece un gasto, que es menos patrimonio neto, ambos por el mismo importe.

Las cuentas

El patrimonio de una empresa está formado por elementos patrimoniales, cada uno de los cuales se representa y valora a efectos del proceso de registro por un instrumento denominado «cuenta».

Las cuentas son la representación contable de cada elemento patrimonial de la empresa. Por ejemplo, la cuenta de caja refleja el dinero en efectivo de que se dispone; la cuenta de un cliente determinado, refleja el importe que adeuda a la empresa por ventas sin cobro al contado; la cuenta de deudas con entidades de crédito, refleja un préstamo concedido por un banco determinado pendiente de devolución; la cuenta de gastos de personal refleja los gastos de los trabajadores en un periodo determinado, la cuenta de ingresos financieros de cuentas bancarias refleja los rendimientos que generan las cuentas de la empresa en un periodo determinado, etc.

Cada elemento patrimonial tendrá tanto detalle como componentes hayan. Por ejemplo, la cuenta de clientes tendrá tanto desglose como clientes tenga la empresa, una para cada uno, con los importes pendientes de cobro; la cuenta de deudas con entidades de crédito tendrá tanto detalle como préstamos se hayan concedido e importes tengan pendientes de pago, etc.

En cada cuenta se refleja el valor inicial, sus aumentos, sus disminuciones y su valor final.

El saldo de la cuenta en un momento determinado permite conocer la posición deudora o acreedora de la empresa con respecto a esa cuenta. Por ejemplo, un saldo acreedor de 1.000 € de la cuenta de un proveedor concreto significa que en ese momento a la empresa le debe esa cuantía.

¿Cómo denomino y codifico las cuentas?

Cada cuenta representa un elemento patrimonial, activo, pasivo, patrimonio neto, ingreso o gasto, y las variaciones de los mismos se reflejan en sus cuentas correspondientes.

Para identificar cada cuenta, además de asignarle un nombre, también se le asigna un código numérico, que está en relación a la codificación del cuadro de cuentas por elementos que recoge el PGC que, aunque no es de aplicación obligatoria, es habitualmente utilizado por las empresas para ofrecer información homogénea y comparable.

Ejemplo. Al cliente AD se le podría codificar de la siguiente manera:

Por estar dentro del grupo de deudores por operaciones comerciales se le asigna el dígito 4 correspondiente a dicho grupo.

Dentro de ese grupo, el subgrupo 43 refleja los créditos comerciales.

Dentro del subgrupo, la cuenta 430 designa los créditos a clientes.

Dado que habrá más clientes, debe asignarse una subcuenta al cliente AD que, por ejemplo, puede ser la 4300001.

Habrá tanto desglose en subcuentas como se estime conveniente para reflejar todos los clientes de la empresa.

El listado con códigos y denominaciones de cuentas utilizadas por la empresa en su contabilidad se denomina «cuadro de cuentas de la empresa».

¿Qué forma tienen las cuentas?

Las cuentas se representan en forma de libro abierto (forma de T) y cada cuenta se divide en dos partes: el debe y el haber.

Las cuentas tienen una denominación adecuada a la naturaleza del elemento patrimonial que representan, ya sea de activo, de pasivo de patrimonio neto, de ingresos o de gastos. Por ejemplo: cuenta corriente n.º xxx; programa informático de gestión modelo yyy; gastos de personal trabajador zzz; ingreso por arrendamiento local WWW, etc.

Representación gráfica del modelo de cuenta y sus conceptos:

Título de la cuenta

DEBE	HABER
Cargar	Abonar
Adeudar o debitar	Acreditar
	Descargar o datar

No obstante esta representación gráfica, lo normal es utilizar una hoja de cálculo tipo Excel o un programa de contabilidad para reflejar contablemente las operaciones.

En el caso de la hoja de cálculo, se podría representar de la siguiente manera:

CUENTA	
Debe	Haber

O de la siguiente:

CUENTA	Debe	Haber
Denominación		

Parte de la cuenta

El DEBE es el lado izquierdo de una cuenta, el HABER el lado derecho de la cuenta. En ella se pueden realizar las siguientes operaciones:

◆ Abrir una cuenta es crear una cuenta que antes no existía debiéndole asignar un título, código y valor inicial.

◆ Cargar o adeudar una cuenta es realizar una anotación en el debe de la misma, o sea, en su parte izquierda.

◆ Abonar o acreditar una cuenta es practicar una anotación en el haber de la misma, es decir, en su derecha.

Ejemplo:

Caja

1.000	200
100	

En la cuenta de caja se han reflejado tres operaciones en el periodo objeto de contabilización.

◆ Liquidar una cuenta es realizar una serie de operaciones encaminadas a obtener su saldo. Para saldar o cerrar una cuenta se suman las distintas partidas y se coloca el saldo en el lado que sume menos para dejarla a cero y así equilibrarla.

Caja

1.000	200
100	___
1.100	200

La cuenta de CAJA tiene un saldo deudor de 900 dado que D – H = 1.100 – 200.

Las denominaciones del saldo pueden ser las siguientes en función de las sumas de anotaciones del debe y las anotaciones del haber:

Si Debe – Haber = saldo deudor
Si Debe – Haber = saldo acreedor
Si Debe = Haber = saldo 0

- Se denomina cerrar una cuenta al proceso de sumar ambos lados después de haber saldado la misma y dejarla a cero.

Caja

1.000	200
100	900 (SD)
1.100	1.100

- Se denomina reabrir la cuenta al inicio del periodo siguiente a la operación por la cual se vuelve a colocar el saldo en el lado contrario al que se colocó para cerrarla y es coincidente con el saldo final del año anterior.

Caja

900	

¿Cuáles son las reglas de registro de las cuentas?

Las reglas generales para el registro del valor inicial, aumentos y disminuciones de activos, pasivos, patrimonio neto, ingresos y gastos se denominan «convenio general del cargo y abono» y son las siguientes:

1. En las cuentas de activo

• Los aumentos y el valor inicial de activo se anotan en el debe.

• Las disminuciones de activo se anotan en el haber.

En la cuenta de CAJA sería:

Caja	
Valor inicial	Disminuciones
Aumentos	

Ejemplo. Una empresa ha comprado mercaderías al contado por valor de 400.000 euros.

Análisis	Convenio	Anotación contable
El activo mercadería aumenta	Un aumento de activo en el debe	Debe: mercaderías 400.000
El activo caja disminuye	Una disminución de activo en el haber	Haber caja: 400.000

En esta operación se aprecia que están afectadas dos cuentas diferentes, caja y mercaderías, y para cada una de ellas debe reflejarse el movimiento o anotación de forma independiente, no obstante, en todo caso coincidirá la anotación en el debe de una con la anotación en el haber de la otra cuenta.

La representación de la operación anterior en cada cuenta afectada sería la siguiente:

Mercaderías		Caja	
400.000			400.000

En cada cuenta el cargo del importe correspondiente se realiza en el debe o izquierda de la cuenta, y el abono se realiza en la derecha de la cuenta.

2. En las cuentas de pasivo

- ◆ Los aumentos y el valor inicial de pasivo se anotan en el haber.
- ◆ Las disminuciones de pasivo de anotan en el debe.

En la cuenta de PROVEEDORES sería:

Proveedores

Disminuciones	Valor inicial
	Aumentos

Ejemplo. Una empresa ha comprado mercaderías a crédito por valor de 400.000 euros.

Análisis	Convenio	Anotación contable
El activo mercadería aumenta	Un aumento de activo en el debe	Debe: mercaderías 400.000
El pasivo proveedor aumenta	Un aumento de pasivo en el haber	Haber proveedor: 400.000

El reflejo en cada cuenta sería:

Mercaderías		**Proveedores**	
400.000			400.000

3. En las cuentas de patrimonio neto

- Los aumentos y el valor inicial de patrimonio neto se anotan en el haber.

- Las disminuciones de patrimonio neto se anotan en el debe.

En la cuenta de CAPITAL sería:

Capital

Disminuciones	Valor inicial
	Aumentos

Ejemplo. Una empresa se constituye con un capital inicial de 10.000 euros.

Análisis	Convenio	Anotación contable
El activo caja aumenta	Un aumento de activo en el debe	Debe: caja 10.000
El neto capital aumenta	Un aumento de pasivo en el haber	Haber capital: 10.000

El reflejo en cada cuenta sería:

Caja		Capital	
10.000			10.000

4. En las cuentas de ingresos y gastos

Dado que los ingresos aumentan el patrimonio neto y los gastos lo disminuyen, las reglas de registro para los ingresos y gastos son los mismos que los aplicados a las cuentas de patrimonio neto.

Por tanto:

◆ Los ingresos se anotan en el haber.

◆ Los gastos se anotan en el debe.

Ejemplo 1. Se pagan por banco sueldos por importe de 100.

Registro contable:

Sueldos		Bancos	
100			100

Ejemplo 2. Se prestan servicios de asesoría por importe de 200 cobrándose al contado por bancos.

Registro contable:

Bancos		Ingresos por prestación de servicios	
200	200		200

Los ingresos y gastos del ejercicio se compensan cargándose los ingresos y abonando los gastos siendo la contrapartida de dicha diferencia la anotación en la cuenta de resultados o pérdidas y ganancias.

Sueldos		Ingresos por prestación de servicios	
100	100	200	200
			Saldo: 0

Pérdidas y ganancias

200	100
	Saldo acreedor: 100 (beneficio)

Ejemplo 3. Una empresa tiene la siguiente situación al iniciar su actividad:

Activo		Pasivo y patrimonio neto	
Caja y bancos	100	Aportación de socios	1.200
Mobiliario	500	Deuda por adquisición del local	800
Equipos informáticos	400		
Local	1.000		
TOTAL	2.000	TOTAL	2.000

En esta situación puede apreciarse que la empresa ha adquirido mobiliario y equipos informáticos por 900, y ya los ha pagado; ha adquirido un local por 1.000 y ha aplazado el pago de 800. El resto del activo lo financia mediante aportación de socios por 1.200.

Durante el ejercicio realiza las siguientes operaciones:

◆ Compra productos para su venta por importe de 500, paga la mitad al contado y queda pendiente de pago para el año siguiente la diferencia.
◆ Vende los productos comprados por importe de 800, cobra 600 y queda pendiente de pago para el año siguiente la diferencia.
◆ Presta servicios por importe de 400 que cobra al contado.
◆ Paga al personal de la empresa 200.
◆ Paga parte de la deuda por adquisición del local por importe de 150.

Reflejo contable de las operaciones

Operación	Cuenta	Elemento patrimonial	Modificación	Anotación según convenio	Importe
Compra productos para su venta	Gasto por compras	Gasto	Aumenta	Debe	500
Por el pago	Caja y bancos	Activo	Disminuye	Haber	250
Por la deuda con el proveedor	Proveedores	Pasivo	Aumenta	Haber	250
Vende los productos comprados	Ingresos por ventas	Ingreso	Aumenta	Haber	800
Por el cobro	Caja y bancos	Activo	Aumenta	Debe	600
Por el importe pendiente de cobro	Clientes	Activo	Aumenta	Debe	200
Presta servicios	Ingresos por prestación de servicios	Activo	Aumenta	Haber	400
Cobro de los servicios	Caja y bancos	Activo	Aumenta	Debe	400
Paga al personal	Gasto de personal	Gasto	Aumenta	Debe	200
Por el pago al personal	Caja y bancos	Activo	Disminuye	Haber	200
Paga deuda por adquisición del local	Deuda por adquisición del local	Pasivo	Disminuye	Debe	150
Por el pago	Caja y bancos	Activo	Disminuye	Haber	150

Asientos contables

Operación 1		
	Gasto por compras	500
	Caja y bancos	250
	Proveedores	250
Operación 2		
	Ingresos por ventas	800
	Caja y bancos	600
	Clientes	200
Operación 3		
	Ingresos por prestación de servicios	400
	Caja y bancos	400
Operación 4		
	Gasto de personal	200
	Caja y bancos	200
Operación 5		
	Deuda por adquisición del local	150
	Caja y bancos	150

Determinación del resultado del ejercicio

	Anotaciones en el debe	Anotaciones en el haber	Saldo final
Gasto por compras	500		
Gasto de personal	200		
Ingresos por ventas		800	
Ingresos por prestación de servicios		400	
TOTAL	700	1.200	500

Contabilización del resultado del ejercicio

	Anotaciones en el debe	Anotaciones en el haber	Saldo final
Resultado del ejercicio			500
Ingresos	1.200		
Gastos		700	

ACTIVO (saldo deudor)	Situación inicial	Anotaciones en el debe	Anotaciones en el haber	Saldo final
Caja y bancos	100	1.000	600	500
Mobiliario	500			500
Equipos informáticos	400			400
Local	1.000			1.000
Clientes		200		200
TOTAL	2.000	1.200	600	2.600

PASIVO Y PATRIMONIO NETO (saldo acreedor)	Situación inicial	Anotaciones en el debe	Anotaciones en el haber	Saldo final
Aportación de socios	1.200			1.200
Deuda por adquisición del local	800	150		650
Proveedores			250	250
Resultado del ejercicio				500
TOTAL				2.600

El diario y los asientos

El diario es un documento contable que refleja cronológicamente, ordenadas por fechas, y numeradas, todas las operaciones que se producen en el ejercicio con transcendencia económica que deben registrarse en la contabilidad.

Las anotaciones en el diario se denominan «asientos» y reflejan en relación a las operaciones realizadas, las cuentas afectadas, importes, fechas, variaciones patrimoniales producidas y una explicación de las mismas.

El conjunto de todos los asientos, en soporte físico o informático, se denomina «libro diario».

Las anotaciones en el debe van a la izquierda y las del haber a la derecha.

En los asientos se registran tantas cuentas con anotación en el debe y en el haber como sean necesarias.

Contenido de los asientos

El asiento contable incluye la siguiente información:

* Número.
* Fecha.
* Breve explicación de la operación.
* Cuentas que intervienen (con sus códigos alfabético y numérico).
* Importes asociados a cada cuenta, indicando si tales valores deben ser cargados o abonados a la misma (por posición espacial o por indicación expresa).

Forma de los asientos

Existen normalmente dos formas de representar el asiento

1. Según su posición

DEBE		HABER
20 Mobiliario	a	Bancos 20

2. Por indicación expresa

Mobiliario	20 (D)
Bancos	20 (H)

	DEBE	HABER
Mobiliario	20	
Bancos		20

La cuenta de mayor

Este es un documento contable que recoge los movimientos de cada una de las cuentas de la empresa. Hay una cuenta de mayor por cada cuenta contable. Por lo tanto es una cuenta individual en la que se anotan los importes contabilizados en el diario de cada cuenta.

En las anotaciones de cada cuenta de mayor se reproduce el importe reflejado en el diario. Por ejemplo, si en diario se ha realizado una anotación en el debe de bancos por 100, en el mayor de la cuenta de bancos se transcribe el importe de 100 en el debe de la cuenta, a la izquierda de la cuenta.

71

Al finalizar el ejercicio o el periodo requerido, el importe de las anotaciones en las cuentas realizadas en el libro diario se habrán traspasado a cada una de las cuentas de mayor que tendrán, en general y en su caso, un saldo inicial para los activos en el debe y para los pasivos y cuentas de patrimonio neto en el haber. Durante el ejercicio, en su caso, se habrán realizado anotaciones en el debe y haber de cada cuenta.

La diferencia entre la suma de anotaciones en el debe menos la suma de las anotaciones del haber será el saldo de dicha cuenta.

Si es mayor la suma del debe que la suma del haber el saldo será deudor y si la suma del haber es mayor que la suma del debe el saldo será acreedor.

Para los activos y gastos, los saldos serán normalmente deudores, y para los pasivos, cuentas de patrimonio neto e ingresos los saldos serán normalmente acreedores.

Las cuentas y los saldos que correspondan a cada una de ellas en la fecha que se determine tienen dos posibles destinos:

+ En caso de cuentas de activo, pasivo y patrimonio neto, el saldo se reflejará en el balance de final de ejercicio.
+ En caso de cuentas de ingresos y gastos, los saldos correspondientes se habrán traspasado a la cuenta de pérdidas y ganancias.

El reflejo de este traspaso se produce en el libro diario mediante los siguientes asientos:

Cuentas	Debe	Haber
Cuentas de ingresos (por su saldo acreedor)	XXX	
Resultado del ejercicio		XXX

Cuentas	Debe	Haber
Cuentas de gastos		XXX
Resultado del ejercicio	XXX	

Asimismo, como en cualquier otra anotación en el diario, los importes se traspasan a las cuentas de mayor correspondientes a cada cuenta, apareciendo en esta fase la cuenta de resultados o pérdidas y ganancias, que tendrá como saldo la diferencia entre ingresos y gastos. Si aquellos son mayores a estos, habrá beneficios y el saldo será acreedor y si los gastos son mayores a los ingresos, habrá un saldo deudor y supondrá que ha habido pérdidas.

En todo caso, el saldo de la cuenta de resultados forma parte del patrimonio neto del balance.

Balance de sumas y saldos o balance de comprobación

Este balance se obtiene directamente del libro mayor y refleja en forma de listado con sus códigos alfanuméricos un momento determinado de todas las cuentas de activo, pasivo, patrimonio neto, gastos e ingresos utilizadas por la empresa durante el ejercicio. Indica también las sumas deudoras y acreedoras, y los saldos deudores y acreedores de las mismas al final del periodo comprobándose que las sumas deudoras coinciden con las sumas acreedoras y que los saldos deudores coinciden con los saldos acreedores.

El balance de comprobación o de sumas y saldos tenía como objetivo principal, antiguamente cuando la contabilidad se llevaba de forma manual, el comprobar que no había errores en la contabilización de los asientos.

Para su confección no es preciso efectuar el asiento de regularización, ya que se limita a presentar las cuentas, incluidas las cuentas de gastos e ingresos, antes de cuantificar el resultado del ejercicio y el cierre de la contabilidad, por lo que el saldo de las cuentas no tiene por qué ser cero.

En la cuenta de existencias del balance de comprobación se refleja, en ocasiones, el importe de las existencias iniciales y no se incluyen las cuentas de variación de existencias, en cuyo caso del saldo de las cuentas de ingresos y gastos no se deriva el resultado del ejercicio. En otros casos se incluye el importe de las existencias finales y la cuenta de variación de existencias y, por lo tanto, del saldo de las cuentas de ingresos y gastos de dicho balance puede cuantificarse el resultado del ejercicio.

Representación gráfica

	Del periodo			Acumulado		
Cuenta	Sumas deudoras	Sumas acreedoras	Saldo[1]	Sumas deudoras	Sumas acreedoras	Saldo[1]

1. Con signo + si sumas deudoras > sumas acreedoras y signo – si sumas deudoras < sumas acreedoras.

El ciclo contable

El resultado de una empresa para sus socios solo se puede conocer en el momento de la extinción de la misma y vendrá determinado por el importe aportado por los socios y el importe recuperado. Las empresas tienen, en principio, una vida indefinida, no obstante, para tomar decisiones los accionistas y demás personas y entidades interesadas necesitan conocer la situación económica financiera y patrimonial de la misma. Además la normativa mercantil y fiscal exige la presentación de información periódica.

La contabilidad permite mostrar la situación financiera económica y patrimonial de la empresa para cumplimentar dichas necesidades y obligaciones legales.

Legalmente se establece la obligación de cuantificar el resultado del ejercicio y la situación económica, financiera y patrimonial de la empresa por periodos anuales que se denominan ejercicios económicos o periodos contables.

En la mayoría de las empresas el ejercicio económico es coincidente con el año natural que se inicia el 1 de enero y finaliza el 31 de diciembre.

En algunos casos, el ejercicio económico difiere del año natural para adecuar el ejercicio contable al periodo de actividad de la sociedad. Por ejemplo, en el caso de una empresa que explota una estación de esquí, el fin del periodo contable sería coincidente con el fin de la temporada de esquí.

Desde el punto de vista del proceso contable esto repercute en una serie de operaciones que se repiten en todos los ejercicios económicos y que dan lugar al denominado «ciclo contable».

FASES DEL CICLO CONTABLE COINCIDENTE CON EL AÑO NATURAL

1. 1 DE ENERO: APERTURA DE LA CONTABILIDAD

2. DEL 1 DE ENERO AL 31 DE DICIEMBRE: EJERCICIO ECONÓMICO

Registro de las operaciones realizadas tales como:
Compras y gastos, deudas comerciales, adquisiciones de activos, etc.
Ventas e ingresos, créditos comerciales, desinversiones de activos, etc.
Cobros y pagos, deudas financieras, inversiones financieras, etc.

3. 31 DE DICIEMBRE: OPERACIONES DE CIERRE DEL EJERCICIO

4. 31 DE DICIEMBRE: CIERRE DE LA CONTABILIDAD

5. ELABORACIÓN DE LAS CUENTAS ANUALES:
BALANCE, CUENTA DE PÉRDIDAS Y GANANCIAS Y MEMORIA

6. CON LAS CUENTAS DEL BALANCE DE FINAL DEL EJERCICIO ANTERIOR
SE REALIZA EL ASIENTO DE APERTURA DEL EJERCICIO SIGUIENTE

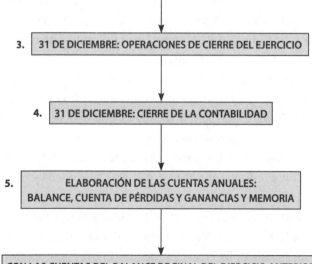
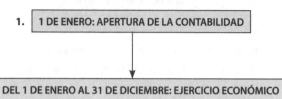

Asientos del ciclo contable

1. Asiento de apertura

La contabilidad se abre al inicio del ejercicio contabilizando los activos, pasivos y neto patrimonial existentes en el balance de final del ejercicios anterior.

Se cargan todas las cuentas que tenían saldo final deudor y se abonan las cuentas que tienen saldo final acreedor.

Es un asiento mecánico que no refleja variación patrimonial alguna y se hace para asignar valores iniciales a los elementos patrimoniales.

Ejemplo. Partiendo del siguiente balance de situación al final del año 1, el asiento de apertura del año 2 sería el siguiente:

Balance al final del año 1

ACTIVO		PASIVO Y PATRIMONIO NETO	
Caja y bancos	500	Aportación de socios	1.200
Mobiliario	500	Deuda por adquisición del local	650
Equipos informáticos	400	Proveedores	250
Local	1.000	Resultado del ejercicio	500
Clientes	200		
TOTAL	2.600	TOTAL	2.600

Asiento de apertura 1 de enero del año 2:

500	Caja y bancos	
500	Mobiliario	
400	Equipos informáticos	
1.000	Local	
200	Clientes	
1.200	a	Aportación de socios
650	a	Deuda por adquisición del local
250	a	Proveedores
500	a	Resultado del ejercicio anterior

----

2. Operaciones del ejercicio

Una vez abiertas todas la cuentas con saldo inicial o a medida que aparezcan nuevas cuentas, se van registrando las operaciones del ejercicio, en función de la documentación o estimaciones que procedan.

Las operaciones se registran en el diario y automáticamente se ponen en su cuenta de mayor en la misma posición de debe o haber y por el mismo importe.

3. Operaciones de cierre de ejercicio

En esta fase se realiza una serie de operaciones para aplicar adecuadamente las normas de registro, los principios contables y criterios de valoración.

3.1. Registro de transacciones no formalizadas: se trata de registrar operaciones no contabilizadas hasta el momento por carecer de justificación documental adecuada. Por ejemplo, se dispone de albarán pero no de la factura, u operaciones sin soporte documental alguno pero que se conoce de su existencia, por ejemplo, la factura de suministros del ejercicio que se recibe con posterioridad al cierre.

Ejemplo. Al final del ejercicio no se han recibido por parte de empresas suministradoras las facturas de los suministros de electricidad, agua, etc. del último mes. Se estima que su importe será similar al del año anterior que ascendió a 2.500 €.

| Suministros (gasto) | a | Acreedores de facturas pendientes de recibir (pasivo) | 2.500 |

En la última semana del año se han vendido productos por importe de 1.000 a un cliente. Se dispone del albarán de entrega pero no se ha emitido la factura.

| 1.000 | Clientes de facturas pendientes de emitir (activo) | a | Ventas de productos (ingreso) | 1.000 |

3.2. Ingresos y gastos financieros no registrados: se trata de registrar ingresos y gastos financieros de los que se tiene información pero se carece de documentación, por ejemplo intereses devengados por un plazo fijo o gastos financieros de préstamos.

Ejemplo. Una empresa tiene un préstamo bancario cuyos intereses paga al final del mes siguiente, los intereses correspondientes al mismo al final del ejercicio ascienden a 250.

| 250 | Gastos financieros (gasto) | a | Intereses a corto plazo (pasivo) | 250 |

Los intereses de un plazo fijo de la empresa se perciben trimestralmente por importe de 3.000, el último cobro fue el 30 de octubre.

El 31 de diciembre, fecha de cierre del ejercicio, los intereses devengados no vencidos ascienden a 3.000 / 3 meses x 2 meses transcurridos (noviembre y diciembre) = 2.000.

| 2.000 | Intereses a corto plazo (activo) | a | Ingresos por intereses de créditos (ingreso) | 2.000 |

3.3. El inventario de existencias a fin de ejercicio

El inventario es una relación de los activos de la empresa obtenida habitualmente mediante recuento físico y valoración del mismo.

Pueden existir discrepancias entre los activos que deben existir según los registros contables y los que realmente existen debido a causas diversas, tales como deterioros, sustracciones, pérdidas, contabilización incorrecta, etc. En todo caso, el inventario a contabilizar debe corresponder al que realmente exista.

Un inventario de especial importancia es el correspondiente a las existencias de mercaderías, materias primas, productos terminados, en curso, etc.

El valor contable de las existencias no varía durante el ejercicio, sino que se mantiene el valor correspondiente a las existencias iniciales que coincide con las existencias finales del ejercicio anterior.

Al final de ejercicio procede realizar el inventario de las existencias y valorarlas de acuerdo con el criterio adoptado por la empresa, habitualmente el FIFO, precio medio o precio medio ponderado.

En esta fase se abonan las existencias iniciales con cargo a una cuenta de ingreso o gasto y se cargan las existencias finales con abono a una cuenta de ingreso o gasto, según corresponda.

Ajustes del valor de las existencias

Ejemplo1.

 • Una empresa inicia su actividad de compra-venta de productos informáticos.

 • No todas las compras de productos se han vendido al final del ejercicio.

 • El departamento de contabilidad recibe el informe del encargado del control de stocks en el que constan unas compras no vendidas por importe de 3.000.

| 3.000 | Existencias finales (activo) | a | Variación de existencias | 3.000 |
| | | | (ingreso) | |

Ingresos que compensan los gastos correspondientes a gastos por compras no vendidas

----

Ejemplo 2. Una empresa tiene existencias iniciales de un producto valoradas en 5.000, compra y vende productos durante el ejercicio cuantificándose unas existencias finales por 4.000.

 • Durante el ejercicio se contabilizan las compras y ventas.

Al final del ejercicio se dan de baja las existencias iniciales y se reconocen las existencias finales.

| 5.000 | Variación de existencias | a | Existencias iniciales (activo) | 5.000 |
| | (gasto) | | | |

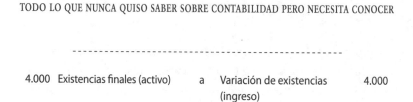

Ejemplo 3. Un concesionario de coches tiene al principio del ejercicio los coches 1, 2 y 3 con precios de adquisición respectivos de 10.000, 11.000 y 11.500.

- Durante el ejercicio compra 50 coches y vende 49.
- Al final del ejercicio le quedan en el almacén el coche 1 y 3 coches comprados y no vendidos en el periodo adquiridos por 42.000.

Las existencias finales serán: 10.000 del coche inicial 1 y 42.000 de los coches comprados en el ejercicio y no vendidos.

Ejemplo 4. La empresa AD, S.A. ha tenido el siguiente movimiento de existencias a lo largo del ejercicio 20X5:

DESCRIPCIÓN	FECHA	CANTIDAD	IMPORTE	TOTAL
Existencias iniciales	01-ene	800	13	10.400
Compras	02-mar	600	14	8.400
Ventas	05-jun	(900)	20	
Compras	10-sept	500	17	8.500
Ventas	30-oct	(600)	25	
Compras	02-dic	400	18	7.200
Total compras y existencias iniciales		2.300		34.500
Total unidades vendidas		1.500		
Existencias finales		800		
Precio unitario: 34.500 / 2.300			15	

◆ Valor de las existencias finales, si la valoración se realiza empleando el criterio del Coste Medio o Precio Medio Ponderado.

Cálculo del valor de las existencias finales:
34.500 / 2.300 = 15
Valor de las existencias finales:
800 unidades × 15 € / unidad = 12.000 €

◆ Sistema de valoración FIFO

El método FIFO recoge las iniciales de la expresión *first in, first out* (primera entrada, primera salida). Consiste en ir dando salida a las existencias por el orden de entrada, de tal forma que las existencias que primero se adquirieron serán, contablemente, las primeras en ser dadas de baja. Las existencias finales quedarán valoradas, por tanto, a los precios de las últimas que entraron.

Este sistema tiene la ventaja de que valora las existencias a precios actuales y el inconveniente de que las salidas se valoran a los precios más antiguos, lo que puede ser contraproducente en épocas de inflación al suponer un mayor resultado repartible a los accionistas.

En el ejemplo anterior:

DESCRIPCIÓN	FECHA	CANTIDAD	IMPORTE	TOTAL	SALEN	EXISTENCIAS
Existencias iniciales	01-ene	800	13	10.400		
Compras	02-mar	600	14	8.400		
Ventas	05-jun	900	20		800 del 1/1 y 100 del 2/3	500 del 2/3
Compras	10-sep	500	17	8.500		

					500 del 2/3 y 100 del 10/9	
Ventas	30-oct	600	25		500 del 2/3 y 100 del 10/9	400 del 10/9
Compras	02-dic	400	18	7.200		
Total compras y existencias iniciales		2.300		34.500		
Existencias finales						400 de 2/12 y 400 del 10/9[1]

1. Importe de las existencias finales: $400 \times 17 + 400 \times 18 = 14.000$.

3.4. Periodificaciones e imputaciones temporales.

Estos ajustes que tienen como origen la aplicación del principio del devengo pretenden imputar los ingresos y gastos en función del devengo de los mismos.

Es habitual contabilizar un gasto o ingreso, como un arrendamiento o seguros, por su importe total cuando se cobra o paga, aunque una parte del ingreso o gasto se devengará el ejercicio anterior. En estos casos debe de minorarse el ingreso o gasto contabilizado con abono a ingresos anticipados o gastos anticipados, cuentas ambas de pasivo y activo respectivamente.

Ejemplo. La sociedad contrata el 1 de diciembre con una empresa de *mailing* el reparto trimestral de publicidad por importe de 900.

- ♦ El 31 de diciembre debe de minorar el gasto de publicidad contabilizado por los 2 meses del año siguiente:

Contabilización:

----

900 Publicidad (gasto)   a   Caja y bancos (activo)   900

Al final del ejercicio (31 de diciembre):

600	Gastos anticipados (activo)	a	Publicidad (gasto)	600
	(900 / 3) × 2			

♦ El año anterior contrató en las mismas fechas, con la empresa de *mailing*, una campaña de publicidad que motivó la contabilización del mismo asiento de periodificación anterior por importe de 500.

♦ El año en curso debe contabilizarse el gasto anticipado de publicidad del año anterior que se ha utilizado en el ejercicio como un gasto.

500	Publicidad (gasto)	a	Gastos anticipados (activo)	500

Desde el punto de vista de la empresa que presta el servicio de *mailing*:

Contabilización:

900	Caja y bancos (activo)	a	Ingresos	900

Al final del ejercicio (31 de diciembre):

600	Ingresos (900 / 3) × 2	a	Ingresos anticipados (pasivo)	600

Por el ingreso anticipado de publicidad del año anterior:

| 500 | Ingresos anticipados (pasivo) | a | Ingresos | 500 |

3.5. Reclasificación del largo al corto plazo

Las empresas contabilizan sus activos y pasivos clasificándolos como corrientes o no corrientes (a corto o a largo plazo respectivamente), en función de la fecha de vencimiento y recuperación o reembolso de los mismos.

Obviamente una deuda o un crédito que tiene vencimiento a más de un año debe contabilizarse como no corriente, pero el transcurso del tiempo supondrá que en algún momento el periodo restante será inferior a un año, debiendo reclasificarlo del largo plazo al corto plazo.

Ejemplo. Una empresa suscribe por 10.000 el 30 de junio del año 1 un préstamo con vencimiento a 2 años.

◆ Al final del año 2 todavía no habrá vencido el préstamo pero faltará menos de un año para su vencimiento debiendo reclasificarse.

Al final del año 2:

| 10.000 | Deudas a largo plazo (pasivo) | a | Deudas a corto plazo (pasivo) | 10.000 |

3.6. Correcciones valorativas: amortizaciones

Para el desarrollo de la actividad de la empresa son necesarios determinados activos cuyo uso se va a producir normalmente durante varios ejercicios (activos no corrientes o inmovilizados), como, por ejemplo, ordenadores, programas, mobiliarios, vehículos, máquinas, etc.

Es evidente que el valor de estos activos va a disminuir a medida que transcurra el tiempo, se vayan utilizando para la actividad o aparezcan otros activos que resulten más productivos.

Las amortizaciones reflejan la pérdida de valor de estos activos debido al transcurso del tiempo, su uso o la aparición de activos más modernos que los hagan obsoletos.

Ejemplo. Una empresa adquiere una fotocopiadora por 2.000 que le va a permitir hacer 200.000 fotocopias durante su vida útil, al final de la misma la máquina carecerá de valor de realización en el mercado.

♦ En el año 1 se han hecho 50.000 fotocopias.

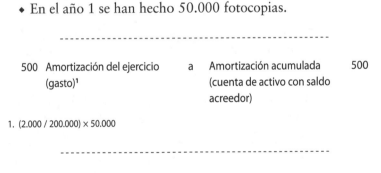

| 500 | Amortización del ejercicio (gasto)[1] | a | Amortización acumulada (cuenta de activo con saldo acreedor) | 500 |

1. (2.000 / 200.000) × 50.000

3.7. Correcciones valorativas: pérdidas por deterioro del valor de los elementos patrimoniales

Debido a los cambios del mercado o de la situación económica los activos de una empresa pueden tener un valor de realización inferior a su valor contable.

Con el fin de que la contabilidad refleje el valor probable de recuperación del activo, han de reflejarse estas pérdidas de valor potenciales, al menos al final del ejercicio.

Ejemplo. Una empresa que tiene un excedente de tesorería invierte 6.000 en lingotes de oro dado que piensa que el precio del mismo va a aumentar.

* Al final del ejercicio el valor del lingote ha disminuido hasta 5.000.

| 1.000 | Pérdidas por deterioro (gasto) | a | Provisión por deterioro (cuenta de activo con saldo acreedor) | 1.000 |

3.8. Provisiones

Durante el ejercicio pueden producirse situaciones en las que una empresa deba hacer frente en el futuro a pagos a terceros.

En la medida en que sea probable que deban pagarse estas cantidades, se deberá contabilizar un gasto con la contrapartida de un pasivo.

Ejemplo. Una empresa que se dedica al transporte provoca un accidente y el accidentado le reclama un indemnización de 5.000. Dados los pronunciamientos recientes de los tribunales el abogado cree que probablemente habrá que hacer frente al pago de la misma.

| 5.000 | Indemnizaciones (gasto) | a | Provisión por reclamaciones (pasivo) | 5.000 |

Esta misma empresa recibe una reclamación de un cliente por haber llegado tarde a su destino un día en que la carretera estaba colapsada debido a un atasco provocado por una nevada imprevista.

En este caso, el abogado entiende improbable que ningún tribunal dictamine que deba hacerse frente al pago de esta indemnización, por lo tanto, no hay que contabilizar gasto ni pasivo alguno, aunque incluyendo esta información en la memoria de las cuentas anuales.

3.9. Contabilización del impuesto sobre beneficios

Al determinar el resultado del ejercicio se cuantifican las obligaciones de pago en concepto de impuesto sobre el beneficio, lo que supone un gasto o un ingreso más para la empresa, así como un crédito o una deuda con la Hacienda Pública, en función de los pagos fraccionados realizados y de las retenciones soportadas y si el resultado ha sido positivo o negativo.

Ejemplo. Una empresa ha obtenido un resultado fiscal de 1.000 y cuantifica el importe a pagar en concepto de impuesto sobre sociedades de 200.

| 200 | Impuesto sobre beneficios (gasto) | a | Hacienda Pública acreedora por IS (pasivo) | 200 |

Cierre de la contabilidad

Una vez realizados los asientos correspondientes a los puntos anteriores se puede elaborar el balance a 31 de diciembre, que tal como se ha visto recoge la totalidad de las cuentas de mayor y sus saldos. Posteriormente se elaborarán las cuentas anuales, entre ellas, el balance y la cuenta de pérdidas y ganancias.

La contabilidad se cierra mediante los asientos de regularización de ingresos y gastos y el asiento de cierre.

Asiento de regularización

Consiste en trasladar los saldos de las cuentas de ingresos y gastos a la cuenta de pérdidas y ganancias, de esta manera quedan con saldo cero, y el saldo neto se refleja en dicha cuenta que forma parte del patrimonio neto.

Un saldo acreedor supone que ha habido beneficios y un saldo deudor supone que ha habido pérdidas.

Ejemplo. Una empresa ha contabilizado los siguientes ingresos y gastos:

	Anotaciones en el debe	Anotaciones en el haber
Gasto por compras	500	
Gasto de personal	200	
Ingresos por ventas		800
Ingresos por prestación de servicios		400
TOTAL	700	1.200

Asiento de regularización

800	Ingresos por ventas			
400	Ingresos por prestación de servicios	a	Gasto por compras	500
		a	Gasto de personal	200
		a	Resultado del ejercicio	700

Asiento de cierre

Es un registro formal de carácter técnico que no responde a ninguna variación patrimonial y que al finalizar cada ejercicio hace que todas las cuentas que mantengan saldo (las denominadas cuentas de balance, activo, pasivo y patrimonio neto) queden saldadas o anuladas, es decir, su saldo es cero. Consiste en cargar por el importe de su saldo todas las cuentas que en dicho momento mantengan saldo acreedor, y abonar por el importe de su saldo todas las que lo mantengan deudor.

Ejemplo. Una empresa tiene el siguiente balance de situación a final del ejercicio.

ACTIVO (saldo deudor)	Saldo final	PASIVO Y PATRIMONIO NETO (saldo acreedor)	Saldo final
Caja y bancos	500	Aportación de socios	1.200
Mobiliario	500	Deuda por adquisición del local	650
Equipos informáticos	400	Proveedores	250
Local	1.000	Resultado del ejercicio	500
Clientes	200		
TOTAL	2.600	TOTAL	2.600

Asiento de cierre

1.200	Aportación de socios		
650	Deuda por adquisición del local		
250	Proveedores		
500	Resultado del ejercicio		
500		a	Caja y bancos
500		a	Mobiliario
400		a	Equipos informáticos
1.000		a	Local
200		a	Clientes

Invirtiendo el sentido de sus cargos y abonos tendríamos el asiento de apertura del siguiente ejercicio.

Resumen del proceso contable

En el día a día de la empresa se genera información sobre numerosas operaciones que pueden afectar a la situación económica, financiera o patrimonial que pueden ser susceptibles de su reflejo en la contabilidad de la misma. Para saber si estas operaciones deben contabilizarse se ha de proceder al análisis de los hechos que se derivan de ellas.

Las consecuencias de las operaciones pueden ser las siguientes:

♦ Se adquieren bienes o derechos de los que es probable obtener de ellos beneficios o rendimientos económicos para la empresa en el futuro, y siempre que se puedan valorar con fiabilidad. En estos casos se debe contabilizar un activo.

El reconocimiento contable de un activo implica también el reconocimiento simultáneo de un pasivo, la disminución de otro activo o el reconocimiento de un ingreso u otros incrementos en el patrimonio neto.

◆ Se asume una obligación que suponga que a su vencimiento y para liquidar la misma, probablemente deban entregarse o cederse recursos que incorporen beneficios o rendimientos económicos futuros. Siempre que se puedan valorar con fiabilidad, se debe contabilizar un pasivo.

El reconocimiento contable de un pasivo implica el registro simultáneo de un activo, la disminución de otro pasivo o el reconocimiento de un gasto u otros decrementos en el patrimonio neto.

◆ Se recibe financiación por parte de socios o propietarios o se genera un resultado que no se distribuye. En este caso se contabiliza un elemento de patrimonio neto.

◆ La operación de la que se recibe información supone un aumento de activos o minoración de pasivos que no tiene como origen la aportación de socios o propietarios, y su cuantía puede determinarse con fiabilidad. En este caso se reconoce un ingreso.

El reconocimiento del ingreso conlleva el registro simultáneo o el incremento de un activo, o la desaparición o disminución de un pasivo y, en ocasiones, el reconocimiento de un gasto.

◆ La operación de la que se recibe información supone una disminución de activos o un aumento de pasivos que no tiene como origen la distribución a socios o propietarios en su condición de tales y su cuantía puede valorarse o estimarse con fiabilidad. En este caso se reconoce un gasto.

El reconocimiento del gasto conlleva el registro simultáneo o el incremento de un pasivo, o la desaparición o disminución de un activo y, en ocasiones, el reconocimiento de un ingreso o de una partida de patrimonio neto.

♦ Si no se produce ninguna de las consecuencias mencionadas en los puntos anteriores, no deben contabilizarse las operaciones producidas, sin perjuicio de su posible información en la memoria, que es un documento contable obligatorio que refleja información más detallada y adicional a la del balance y cuenta de pérdidas y ganancias.

Una vez concluido que se cumplen las condiciones para reflejar en contabilidad las operaciones que se han producido, el segundo paso consiste en la identificación de las masas patrimoniales afectadas por la modificación de su valor. Las masas patrimoniales posibles son las siguientes: activo, pasivo, patrimonio neto, ingresos o gastos.

La siguiente fase consiste en asociar cuentas para cada uno de los elementos patrimoniales que intervienen en la operación, con el fin de aplicar el método de partida doble y el convenio de cargo y abono. Las cuentas pueden ser de activo, de pasivo, de patrimonio neto, de gastos y de ingresos.

En esta fase es útil examinar la parte 5.ª del PGC que recoge las definiciones y relaciones contables, dado que detalla las cuentas y contrapartidas más habituales en cada operación. Aunque existe la posibilidad de crear las cuentas que se crean convenientes por la imposibilidad de que el cuadro de cuentas mencionado abarque toda la casuística que rodea la actividad de las empresas.

Los grupos de cuentas del PGC son los siguientes:

GRUPO 1. FINANCIACIÓN BÁSICA: comprende el patrimonio neto y el pasivo no corriente, son cuentas de pasivo y patrimonio neto.

GRUPO 2. ACTIVO NO CORRIENTE: son cuentas de activo.

GRUPO 3. EXISTENCIAS: son cuentas de activo.

GRUPO 4. ACREEDORES Y DEUDORES POR OPERACIONES COMERCIALES: pueden ser cuentas de activo y de pasivo.

GRUPO 5. CUENTAS FINANCIERAS: pueden ser cuentas de activo y de pasivo.

GRUPO 6. COMPRAS Y GASTOS.

GRUPO 7. VENTAS E INGRESOS.

1. En esta fase se trata de determinar el sentido que tiene la modificación de valor: un aumento o una disminución.

2. Una vez determinado el sentido que tiene la modificación del valor de los activos, pasivos, patrimonio neto, ingresos o gastos, se aplica el convenio de cargo y abono, de si procede cargarlas (registro en el debe) o abonarlas (registro en el haber).

El registro contable de cada elemento se realiza en una cuenta y las anotaciones de cada operación se efectúan en asientos. Estos asientos se reflejan cronológicamente en el libro diario. Las anotaciones en los asientos del libro diario se traspasan a la cuenta de mayor correspondiente a cada cuenta contable.

3. Las cuentas y los saldos que correspondan a cada una de ellas en la fecha que se determine tienen dos posibles destinos:

◆ En caso de cuentas de activo, pasivo y patrimonio neto, el saldo se refleja en el balance. Se elabora el balance.

◆ En caso de cuentas de ingresos y gastos, los saldos correspondientes se llevan en la cuenta de pérdidas y ganancias o cuenta de resultados abonando los saldos deudores y cargando los saldos acreedores, quedando su saldo a cero.

El saldo resultante de la cuenta de pérdidas y ganancias se refleja en el balance. Se elabora la cuenta de resultados con el desglose de ingresos y gastos.

4. Asiento de cierre: el último asiento del ejercicio, a reflejar en el diario y también en las cuentas de mayor, consiste en saldar todas las cuentas, las cuentas de balance con saldo acreedor se cargan y las cuentas de balance con saldo deudor se abonan. De esta manera los saldos de todas las cuentas quedan a cero.

5. Asiento de apertura: al inicio del periodo siguiente se hace el asiento inverso al del asiento de cierre del periodo anterior. Se contabilizan en el debe todas las cuentas con saldo deudor previo a dicho asiento de cierre, y se contabilizan en el haber todas las cuentas con saldo acreedor previo a dicho asiento de cierre. Estos saldos se traspasan a las cuentas de mayor reiniciándose el proceso contable.

4

EL PROCESO CONTABLE: CASO PRÁCTICO

Ejemplo recapitulativo del proceso contable

En enero del año N, los socios A, B y C constituyen una sociedad para prestar servicios de asesoría fiscal y auditoría. Se aporta en total 20.000 € que se ingresan en una cuenta corriente a nombre de la sociedad.

Para realizar a cabo la actividad se realizan las siguientes operaciones:

Se supone que el tipo de IVA aplicable es del 21 %.

En enero

- Se adquiere mobiliario por importe de 20.000 € más IVA. Se paga al contado el 50 % más el IVA y el resto se aplaza a 3 meses.
- Se adquieren ordenadores por importe de 3.000 € más IVA. Se pagan al contado.
- Se adquiere un programa informático por importe de 2.000 €, más IVA.

* Se alquila un local pagando una fianza de 3.000 € y un alquiler mensual a pagar al final de cada mes por importe de 1.000 € más IVA.
* Los gastos de personal mensuales estipulados con los empleados que prestan sus servicios ascienden a 4.500 € y se pagan a final de mes.
* Se prestan servicios de asesoría y auditoría que suponen unos ingresos mensuales de 20.000 € más IVA de los que se cobra el 50 % más IVA, quedando el resto pendiente de cobro a 3 meses.
* Se cobran provisiones de fondos a cuenta de servicios a prestar a clientes por importe de 5.000 € más IVA.
* Se ha firmado un contrato para auditar a un grupo de empresas a partir del año siguiente por un importe de 12.000 €.
* Se estima que el mobiliario se va a utilizar durante 5 años, los ordenadores durante 3 años y el programa informático durante 2. Se piensa que al sustituir estos elementos no tendrán un valor significativo.

Se pide el proceso contable que refleja estas operaciones para el mes de enero del año N.

Aplicación de las fases 1 a 2 del ciclo contable

Asiento	Operación	Cuenta	Elemento	Variación	Importe	Anotación
1	Aportación de socios	Bancos	Activo	aumenta	20.000	debe
		Capital	Patrimonio	aumenta	20.000	haber
2	Adquisición de mobiliario	Mobiliario	Activo	aumenta	20.000	debe
		IVA soportado	Activo	aumenta	4.200	debe
		Bancos	Activo	disminuye	14.200	haber
		Proveedores de inmovilizado	Pasivo	aumenta	10.000	haber
3	Adquisición de ordenadores	Equipos para proceso de información	Activo	aumenta	3.000	debe
		IVA soportado	Activo	aumenta	630	debe
		Bancos	Activo	disminuye	3.630	haber
4	Adquisición de programa informático	Aplicaciones informáticas	Activo	aumenta	2.000	debe
		IVA soportado	Activo	aumenta	420	debe
		Bancos	Activo	disminuye	2.420	haber
5	Pago de la fianza	Fianzas constituidas	Activo	aumenta	3.000	debe
		Bancos	Activo	disminuye	3.000	haber
6	Pago alquiler local a fin de mes	Arrendamiento	Gasto	aumenta	1.000	debe
		IVA soportado	Activo	aumenta	210	debe
		Bancos	Activo	disminuye	1.210	haber

Asiento	Operación	Cuenta	Elemento	Variación	Importe	Anotación
7	Gastos de personal mes de enero	Sueldos y salarios	Gasto	aumenta	4.500	debe
		Bancos	Activo	disminuye	4.500	haber
8	Servicios prestados	Prestación de servicios	Ingresos	aumenta	20.000	haber
		Bancos	Activo	aumenta	14.200	debe
		Clientes	Activo	aumenta	10.000	debe
		IVA repercutido	Pasivo	aumenta	4.200	haber
9	Cobro provisión de fondos	Anticipos de clientes	Pasivo	aumenta	5.000	haber
		IVA repercutido	Pasivo	aumenta	1.050	haber
		Bancos	Activo	aumenta	6.050	debe
10	Amortizaciones: precio de adquisición/ vida útil	Amortización del mobiliario	Gasto	aumenta	333,33[1]	debe
		Amortización de los ordenadores	Gasto	aumenta	83,33[2]	debe
		Amortización del programa informático	Gasto	aumenta	83,33[3]	debe
		Amortización acumulada del mobiliario	Activo	disminuye	333,33	haber
		Amortización acumulada de los ordenadores	Activo	disminuye	83,33	haber
		Amortización acumulada de del programa informático	Activo	disminuye	83,33	haber

1. $20.000 / (5 \times 12) = 333,33$
2. $3.000 / (3 \times 12) = 83,33$
3. $2.000 / (2 \times 12) = 83,33$

Anotaciones en el diario

Fecha	Asiento	Apunte	Número de cuenta	Cuenta	Debe	Haber
01-ene	1	1	572	Bancos	20.000	
		2	100	Capital		20.000
01-ene	2	3	216	Mobiliario	20.000	
		4	472	IVA soportado	4.200	
		5	572	Bancos		14.200
		6	173	Proveedores de inmovilizado		10.000
01-ene	3	7	217	Equipos para proceso de información	3.000	
		8	472	IVA soportado	630	
		9	572	Bancos		3.630
01-ene	4	10	206	Aplicaciones informáticas	2.000	
		11	472	IVA soportado	420	
		12	572	Bancos		2.420
01-ene	5	13	260	Fianzas constituidas	3.000	
		14	572	Bancos		3.000
31-ene	6	15	621	Arrendamiento	1.000	
		16	472	IVA soportado	210	
		17	572	Bancos		1.210

Fecha	Asiento	Apunte	Número de cuenta	Cuenta	Debe	Haber
31-ene	7	18	640	Sueldos y salarios	4.500	
		19	572	Bancos		4.500
31-ene	8	20	705	Prestación de servicios		20.000
		21	572	Bancos	14.200	
		22	430	Clientes	10.000	
		23	477	IVA repercutido		4.200
31-ene	9	24	438	Anticipos de clientes		5.000
		25	477	IVA repercutido		1.050
		26	572	Bancos	6.050	
31-ene	Contrato de auditoría: no se registra pues no tiene efectos económicos todavía					
31-ene	10	27	681	Amortización del mobiliario	333,33	
		28	681	Amortización de los ordenadores	83,33	
		29	680	Amortización del programa informático	83,33	
		30	2816	Amortización acumulada del mobiliario		333,33
		31	2817	Amortización acumulada de los equipos para el proceso de información		83,33
		32	2806	Amortización acumulada de las aplicaciones informáticas		83,33

El proceso contable: caso práctico

Balance de comprobación previo al asiento de regularización

N.º	Cuenta	Del periodo			Acumulado		
		Sumas deudoras	Sumas acreedoras	Saldo	Sumas deudoras	Sumas acreedoras	Saldo
206	Aplicaciones informáticas	2.000,00		2.000,00	2.000,00		2.000,00
216	Mobiliario	20.000,00		20.000,00	20.000,00		20.000,00
217	Equipos para proceso de información	3.000,00		3.000,00	3.000,00		3.000,00
260	Fianzas constituidas	3.000,00		3.000,00	3.000,00		3.000,00
430	Clientes	10.000,00		10.000,00	10.000,00		10.000,00
472	IVA soportado	5.460,00		5.460,00	5.460,00		5.460,00
572	Bancos	40.250,00	28.960,00	11.290,00	40.250,00	28.960,00	11.290,00
2816	Amortización acumulada del mobiliario		333,33	-333,33		333,33	-333,33
2817	Amortización acumulada de los equipos para el proceso de información		83,33	-83,33		83,33	-83,33
2806	Amortización acumulada de las aplicaciones informáticas		83,33	-83,33		83,33	-83,33
100	Capital		20.000,00	-20.000,00		20.000,00	-20.000,00
173	Proveedores de inmovilizado		10.000,00	-10.000,00		10.000,00	-10.000,00
477	IVA repercutido		5.250,00	-5.250,00		5.250,00	-5.250,00

N.º	Cuenta	Del periodo			Acumulado		
		Sumas deudoras	Sumas acreedoras	Saldo	Sumas deudoras	Sumas acreedoras	Saldo
438	Anticipos de clientes		5.000,00	-5.000,00		5.000,00	-5.000,00
621	Arrendamientos	1.000,00		1.000,00	1.000,00		1.000,00
640	Sueldos y salarios	4.500,00		4.500,00	4.500,00		4.500,00
681	Amortización del mobiliario	333,33		333,33	333,33		333,33
681	Amortización de los equipos para el proceso de información	83,33		83,33	83,33		83,33
680	Amortización del programa informático	83,33		83,33	83,33		83,33
705	Prestación de servicios		20.000,00	-20.000,00		20.000,00	-20.000,00
	TOTALES	89.709,99	89.709,99	0,00	89.709,99	89.709,99	0,00

Nota: En este caso, al coincidir el periodo de contabilización con el periodo total, los importes del periodo y del acumulado son coincidentes.

Fase 3

Asiento de regularización

31-ene	11	33	621	Arrendamientos	1.000	
		34	640	Sueldos y salarios	4.500	
		35	681	Amortización del mobiliario	333,33	
		36	681	Amortización de los equipos para el proceso de información	83,33	
		37	680	Amortización del programa informático	83,33	
		38	705	Prestación de servicios	20.000	
		39	129	Resultado del ejercicio		14.000

Cuentas de mayor después de la regularización y antes del asiento de cierre.

Bancos		Capital		Mobiliario	
20.000	14.200		20.000		20.000
6.050	3.630				
14.200	2.420				
	3.000				
	1.210				
	4.500				
S.D. = 11.290					

Equipos proceso de información	Aplicaciones informáticas	IVA soportado
3.000	2.000	4.200
		630
		420
		210
		S.D. = 5.460

Proveedores de inmovilizado	Fianzas constituida	Arrendamientos	
10.000	3.000	1.000	1.000

IVA repercutido	Sueldos y salarios		Amortización del mobiliario	
4.200	4.500	4.500	333,33	333,33
1.050				
S.A. = 5.250				

Amortización de los equipos informáticos		Amortización de las aplicaciones informáticas		Prestación de servicios	
83,33	83,33	83,33	83,33	20.000	20.000

El proceso contable: caso práctico

Clientes	Anticipos de clientes	Amortización del mobiliario
10.000	5.000	333,33

Amortización acumulada equipos informáticos	Amortización acumulada aplicaciones informáticas	Resultado del ejercicio
83,33	83,33	14.000

Fase 4: anotaciones en el diario traspasando también los importes en las cuentas de mayor que quedan con saldo cero

31-ene	12: asiento de cierre	206	Aplicaciones informáticas		2.000
		216	Mobiliario		20.000
		217	Equipos para proceso de información		3.000
		260	Fianzas constituidas		3.000
		430	Clientes		10.000
		472	IVA soportado		5.460
		572	Bancos		11.290
		2816	Amortización acumulada del mobiliario	333,33	
		2817	Amortización acumulada de los equipos para el proceso de información	83,33	
		2806	Amortización acumulada de las aplicaciones informáticas	83,33	
		100	Capital	20.000	
		173	Proveedores de inmovilizado	10.000	
		477	IVA repercutido	5.250	
		438	Anticipos de clientes	5.000	
		129	Resultado del ejercicio	14.000	

Fase 5: formulación del balance y la cuenta de resultados

Balance

A) Activo no corriente	
Aplicaciones informáticas	2.000
Amortización acumulada de las aplicaciones informáticas	-83,33
Mobiliario	20.000
Amortización acumulada del mobiliario	-333,33
Equipos para proceso de información	3.000
Amortización acumulada de los equipos para el proceso de información	-83,33
Fianzas constituidas	3.000
TOTAL	27.500
B) Activo corriente	
Clientes	10.000
IVA soportado	5.460
Bancos	11.290
TOTAL	26.750
TOTAL ACTIVO A + B	54.250

A) Patrimonio neto	
Capital	20.000
Resultado del ejercicio	14.000
TOTAL	34.000
B) Pasivo no corriente	
Proveedores de inmovilizado	10.000
C) Pasivo corriente	
IVA repercutido	5.250
Anticipos de clientes	5.000
TOTAL	10.250
TOTAL A + B + C	54.250

Cuenta de resultados

Importe neto de la cifra de negocios	
Prestación de servicios	20.000
Sueldos y salarios	–4.500
Arrendamiento	–1.000
Amortizaciones del inmovilizado	–500,00
A) Resultado de explotación	14.000
B) Resultado financiero	0
C) Resultado antes de impuestos A + B	14.000
Impuestos sobre beneficios[1]	0
D) Resultado del ejercicio C) + / – Impuesto sobre beneficios	14.000

1. Para simplificar no se toma en consideración.

Fase 6: al inicio del periodo siguiente

Asiento de apertura

1-febrero	206	Aplicaciones informáticas	2.000	
	216	Mobiliario	20.000	
	217	Equipos para proceso de información	3.000	
	260	Fianzas constituidas	3.000	
	430	Clientes	10.000	
	472	IVA soportado	5.460	
	572	Bancos	11.290	
	2816	Amortización acumulada del mobiliario		333,33
	2817	Amortización acumulada de los equipos para el proceso de información		83,33
	2806	Amortización acumulada de las aplicaciones informáticas		83,33
	100	Capital		20.000
	173	Proveedores de inmovilizado		10.000
	477	IVA repercutido		5.250
	438	Anticipos de clientes		5.000
	12	Resultados de ejercicios anteriores		14.000

5

OBLIGACIONES LEGALES DE LAS EMPRESAS

Las obligaciones legales en materia de contabilidad se describen en el Real Decreto de 22 de agosto de 1885, por el que se aprueba el Código de Comercio. Aunque ha habido algunas modificaciones posteriores, la última en 1989, las condiciones de cómo llevar, anotar y conservar la contabilidad se han mantenido sustancialmente desde esa fecha.

Obviamente, las condiciones de vida económica, social y tecnológica del siglo xix nada tienen que ver con las condiciones actuales, sin embargo, el Código de Comercio todavía no se ha adaptado a nuestros días.

La contabilidad que se lleva en el presente utiliza unas herramientas informáticas desconocidas por el legislador del siglo xix, sin embargo, aunque no se haya actualizado el Código de Comercio es fácil cumplir las condiciones que allí se establecen con la contabilidad que hoy en día se lleva a través de herramientas o programas informáticos.

* *Obligación de llevanza de contabilidad*: los empresarios deben llevar una contabilidad ordenada, adecuada a la actividad de su empresa que permita un seguimiento cronológico de todas sus operaciones, así como la elaboración periódica de balances e inventarios. Se llevará necesariamente, sin perjuicio de lo establecido en las leyes o disposiciones especiales, un libro de inventarios y cuentas anuales y otro diario.

◆ *Obligación de presentar la contabilidad en el Registro Mercantil:* los empresarios deben presentar los libros en el Registro Mercantil del lugar donde tuvieren su domicilio, para que antes de su utilización, se ponga en el primer folio de cada uno diligencia de lo que tuviere el libro y, en todas las hojas de cada libro, el sello del registro.

Será válida, sin embargo, la realización de asientos y anotaciones por cualquier procedimiento idóneo sobre hojas que después habrán de ser encuadernadas correlativamente para formar los libros obligatorios, los cuales serán legalizados antes de que transcurran los cuatro meses siguientes a la fecha de cierre del ejercicio.

Forma de llevar la contabilidad

Todos los libros y documentos contables deben ser llevados, cualquiera que sea el procedimiento utilizado, con claridad, por orden de fechas, sin espacios en blanco, interpolaciones, tachaduras ni raspaduras. Deberán salvarse a continuación, inmediatamente que se adviertan, los errores u omisiones padecidos en las anotaciones contables. No podrán utilizarse abreviaturas o símbolos cuyo significado no sea preciso con arreglo a la ley, el reglamento o la práctica mercantil de general aplicación.

Comentario: en relación a la prohibición de tachaduras, raspaduras o errores u omisiones, hay que tener en cuenta que actualmente la contabilidad se lleva por medios informáticos que evitan que se produzcan estas circunstancias. Hay que tener presente que el Código de Comercio entró en vigor en 1885 y en esas fechas la contabilidad se llevaba a cabo mediante anotaciones manuales en los libros de contabilidad.

Conservación de la contabilidad

Los empresarios conservarán los libros, correspondencia, documentación y justificantes concernientes a su negocio debidamente ordenados, durante seis años a partir del último asiento realizado en los libros, salvo lo que se establezca por disposiciones generales o especiales.

Comentario: en este sentido hay que tener en cuenta que hay anotaciones contables que tienen impacto en periodos distintos al ejercicio, incluso muchos ejercicios posteriores, como por ejemplo justificantes documentales de la adquisición de inmuebles. En estos casos, deben conservarse esos soportes documentales hasta los seis años posteriores desde el último asiento realizado en los libros que haga referencia a ese elemento (por ejemplo, por amortización, deterioro o venta de inmovilizados o inversiones financieras que se pueden producir muchos años después de su adquisición).

El cese del empresario en el ejercicio de sus actividades no le exime del deber a que se refiere el párrafo anterior y si hubiese fallecido recaerá sobre sus herederos. En caso de disolución de sociedades, serán sus liquidadores los obligados a cumplir lo prevenido en dicho párrafo.

6

EL PLAN GENERAL
DE CONTABILIDAD

Una vez ya se tienen las nociones básicas del funcionamiento de la contabilidad, el paso siguiente consiste en profundizar en su aplicación en las empresas.

En este apartado vamos a conocer mínimamente algunas de las características esenciales de esta normativa y comentar los principios generales y criterios de valoración más importantes.

Partes del PGC

El Plan General Contable se divide en las cinco partes siguientes, algunas son de aplicación obligatoria y otras, voluntaria.

Parte	Contenido	Aplicación
Primera parte. Marco conceptual de la contabilidad	Normas generales para el registro de los hechos contables y para la presentación de la información en los estados financieros. Se detallan los elementos de las cuentas anuales, los criterios de valoración y los principios contables.	Obligatoria
Segunda parte. Normas de registro y valoración	Contiene, debidamente clasificados por elementos patrimoniales, los criterios de registro y valoración que constituyen el desarrollo de los principios contables contenidos en la primera parte del plan, sin perjuicio del contenido valorativo que puede contener la quinta parte.	Obligatoria
Tercera parte. Cuentas anuales	Recoge los requisitos para formular los modelos de cuentas anuales en su sistema normal o abreviado, así como definiciones, aclaraciones y normas sobre el contenido material y forma de cumplimentar estos modelos en el PGC. También se incorporan los modelos de balance, de cuenta de pérdidas y ganancias, estado de cambios en el patrimonio neto, estado de flujos de efectivo y de memoria, tanto normales como, en su caso, abreviados. Respecto del PGCPME se establecen los modelos aplicables a las empresas sometidas al mismo.	Obligatoria
Cuarta parte. Cuadro de cuentas	Contiene los grupos, subgrupos y cuentas necesarios, debidamente codificados en forma decimal y con un título expresivo de su contenido.	Voluntaria[1]
Quinta parte. Definiciones y relaciones contables	Incorpora la explicación del contenido de los grupos y subgrupos, así como las definiciones de las cuentas y la descripción de sus movimientos más usuales, es decir, la mecánica contable de las mismas.	Voluntaria[2]

1. El cuadro de cuentas no es obligatorio en cuanto a la numeración de las cuentas y su denominación, si bien constituye una guía o referente obligado en relación con los epígrafes de las cuentas anuales.

2. La quinta parte no es de aplicación obligatoria, excepto en aquello que aluda o contenga criterios de valoración o sirva para su interpretación y sin perjuicio del carácter explicativo de las diferentes rúbricas o partidas de las cuentas anuales.

La quinta parte, definiciones y relaciones contables, precisa el contenido de cada rúbrica o partida de las cuentas anuales, lo cual no impide que existan conceptos que, al no haberse incluido en el cuadro de cuentas, deban ser incorporados por el experto contable o, en su caso, incluirse en las adaptaciones sectoriales del PGC o, cuando sea preciso, por el número de casos o por la singularidad de los hechos contables, constituir el contenido de una norma del propio Instituto de Contabilidad y Auditoría de Cuentas.

Para algunas cuentas se han incorporado criterios valorativos en esta quinta parte, que complementan y, en algunos casos, aclaran el contenido de las normas de registro y valoración en relación con algún elemento patrimonial concreto.

El marco conceptual de la contabilidad: principios contables

El marco conceptual de la contabilidad constituye el conjunto de fundamentos, principios y conceptos básicos que deben aplicarse para elaborar las cuentas anuales.

1. Las cuentas anuales y la imagen fiel

Las cuentas anuales de una empresa comprenden el balance, la cuenta de pérdidas y ganancias, el estado de cambios en el patrimonio neto, el estado de flujos de efectivo y la memoria.

La aplicación sistemática y regular de los requisitos, principios y criterios contables conduce a que las cuentas anuales muestren una imagen fiel del patrimonio, de la situación financiera y de los resultados de la empresa.

A tal efecto, en la contabilización de las operaciones se atenderá a su realidad económica y no solo a su forma jurídica, es decir, prevalece el fondo sobre la forma.

Esta idea de prevalencia del fondo sobre la forma es importante para evitar que las empresas puedan enmascarar la realidad económica de las operaciones que realizan.

Ejemplo. La sociedad A participa en el 100 % de la sociedad B.

* A vende a B un inmueble por 100 siendo su valor contable de 50, por lo que refleja un beneficio de 100 – 50 = 50
* Inmediatamente, B vende el mismo inmueble por 1.000, reflejando un beneficio de 1.000 – 100 = 900.

Esta operación puede realizarse cuantas veces se desee dado que hay una unidad de decisión, por ello podrían tener el resultado que quisieran.

Para evitar esto cabe aplicar este principio de prevalencia del fondo sobre la forma y la consecuencia sería que el valor del inmueble no debe haber variado en A y ni A ni B deben reflejar resultado alguno en estas operaciones.

2. Los principios contables

Se trata de ideas o principios generales que deben cumplirse para que la contabilidad refleje la imagen fiel de su situación patrimonial.

Principio de empresa en funcionamiento: salvo prueba en contrario se considerará que la gestión de la empresa tiene prácticamente una duración ilimitada. En consecuencia, la aplicación de los principios y criterios contables no irá encaminada a determinar el valor del patrimonio neto a efectos de su enajenación global o parcial, ni el importe resultante en caso de liquidación.

Ejemplo. Una empresa tiene unas instalaciones, con un valor neto contable de 100 y un valor de realización en el mercado de 50, las cuales utiliza para producir de forma óptima un producto que resulta muy rentable. En este caso, el considerar que la empresa va a seguir funcionando supone que podrá recuperar su valor neto contable y no deberá reflejar la posible pérdida por la diferencia de este con el valor de venta en el mercado.

Principio del devengo: los efectos de las transacciones o hechos económicos se registrarán cuando ocurran, imputándose al ejercicio al que las cuentas anuales se refieran, los gastos y los ingresos que afecten al mismo, con independencia de la fecha de su pago o de su cobro.

Ejemplo. En diciembre del año 1 una empresa vende relojes al contado por 100 que ha comprado por 60 a su proveedor pactando el pago a 30 días.

- El año 1 tendrá un beneficio de 100 − 60 = 40, pero habrá aumentado su tesorería en 100 y habrá contabilizado una deuda con el proveedor por 60.

Principio de uniformidad: cuando se haya adoptado un criterio sobre la aplicación de los principios contables, dentro de las alternativas que estos permitan, tal criterio deberá mantenerse en el tiempo y aplicarse a todas las transacciones, eventos y condiciones que sean similares, mientras que no se alteren los supuestos que motivaron la elección de dicho criterio.

Podrá modificarse el criterio adoptado si se alteran estos

supuestos. En tal caso, estas circunstancias se harán constar en la memoria, indicando la incidencia cuantitativa y cualitativa de la variación sobre las cuentas anuales.

Por ejemplo, si viene aplicando el criterio FIFO para la valoración de existencias, no se puede variar sin justificación económica dicho criterio por el precio medio ponderado en el ejercicio siguiente.

Principio de prudencia: se deberá ser prudente en las estimaciones y valoraciones a realizar en condiciones de incertidumbre.

La prudencia no justifica que la valoración de los elementos patrimoniales no responda a la imagen fiel que deben reflejar las cuentas anuales. Únicamente se contabilizarán los beneficios obtenidos hasta la fecha de cierre del ejercicio. Por el contrario, se deberán tener en cuenta todos los riesgos, con origen en el ejercicio o en otro anterior, tan pronto sean conocidos, incluso si solo se conocieran entre la fecha de cierre de las cuentas anuales y la fecha en que estas se formulen.

En tales casos se dará cumplida información en la memoria, sin perjuicio de su reflejo, cuando se haya generado un pasivo y un gasto en otros documentos integrantes de las cuentas anuales.

Excepcionalmente, las cuentas anuales deberán ser reformuladas si los riesgos se conocieran entre la formulación y antes de la aprobación de las cuentas anuales y afectaran de forma muy significativa a la imagen fiel.

Asimismo deberán tenerse en cuenta las amortizaciones y correcciones de valor por deterioro de los activos, tanto si el ejercicio se salda con beneficio como con pérdida.

Ejemplo. Una empresa ha invertido en lingotes de oro un excedente de tesorería porque prevé que el valor de mercado va a aumentar.

Si al final del ejercicio el precio del lingote sube, no debe reflejar este beneficio potencial, dado que se debe esperar a venderlo para contabilizarlo.

En cambio, si el precio del lingote baja, ha de reflejar contablemente esa pérdida potencial aunque no lo haya vendido.

Principio de no compensación: no podrán compensarse las partidas del activo y del pasivo o las de gastos e ingresos, y se valorarán separadamente los elementos integrantes de las cuentas anuales, salvo que una norma disponga de forma expresa lo contrario. Por ejemplo, si hay un cliente que a su vez es proveedor de la empresa, la contabilidad debe mostrar las deudas y el crédito con el mismo, no el saldo neto.

Principio de importancia relativa: se admitirá la no aplicación estricta de algunos de los principios y criterios contables cuando la importancia relativa en términos cuantitativos o cualitativos de la variación que tal hecho produzca sea escasamente significativa y, en consecuencia, no altere la expresión de la imagen fiel. Las partidas o importes cuya importancia relativa sea escasamente significativa podrán aparecer agrupados con otros de similar naturaleza o función.

Ejemplo. Una empresa compra al final del ejercicio material de oficina por importe de 600 € para utilizarlo el año siguiente, el resultado del ejercicio es de 120.000 €.

En este caso, aunque el material de oficina sea un elemento del activo, cabría contabilizarlo como un gasto del ejercicio dado que no se distorsiona la imagen fiel del patrimonio y resultados del ejercicio al tratarse de importes de cuantía poco significativa en relación al resultado del ejercicio.

Ejemplo. Si se compra una grapadora, aunque se prevea su utilización durante varios ejercicios, puede contabilizarse como un gasto como si fuera un elemento que se consumiera en el ejercicio.

3. Los criterios de valoración

La valoración es el proceso por el que se asigna un valor monetario a cada uno de los elementos integrantes de las cuentas anuales, de acuerdo con lo dispuesto en las normas de valoración relativas a cada uno de ellos. Los criterios principales son los siguientes:

Coste histórico o coste (precio de adquisición): llamado también coste de un activo, es su precio de adquisición o coste de producción.

El precio de adquisición es el importe en efectivo y otras partidas equivalentes pagadas o pendientes de pago más, en su caso y cuando proceda, el valor razonable de las demás contraprestaciones comprometidas derivadas de la adquisición, debiendo estar todas ellas directamente relacionadas con esta y ser necesarias para la puesta del activo en condiciones operativas.

Ejemplo. Una empresa compra un ordenador pagando 500 y dejando pendiente de pago 300, los gastos de la instalación del mismo ascienden a 50. El precio de adquisición ascenderá a 500 + 300 + 50 = 850.

El coste de producción incluye el precio de adquisición de las materias primas y otras materias consumibles, el de los factores de producción directamente imputables al activo, y la fracción que razonablemente corresponda de los costes de producción indirectamente relacionados con el activo, en la medida en que se refieran al periodo de producción, construcción o fabricación, se basen en el nivel de utilización de la capacidad normal de trabajo de los medios de producción y sean necesarios para la puesta del activo en condiciones operativas.

Valor razonable: es el importe por el que puede ser intercambiado un activo o liquidado un pasivo entre partes interesadas y debidamente informadas que realicen una transacción en condiciones de independencia mutua. El valor razonable se determinará sin deducir los costes de transacción en los que pudiera incurrirse en su enajenación. No tendrá en ningún caso el carácter de valor razonable el que sea resultado de una transacción forzada, urgente o como consecuencia de una situación de liquidación involuntaria.

Con carácter general, el valor razonable se calculará por referencia a un valor fiable de mercado. En este sentido, el precio cotizado en un mercado activo será la mejor referencia.

Se considera un «mercado activo» aquel en que:

+ Se intercambian bienes y servicios homogéneos.
+ En todo momento hay compradores y vendedores.
+ Los precios son conocidos, accesibles, reales, actuales y regulares.

Para aquellos elementos respecto de los cuales no exista un mercado activo, el valor razonable se obtendrá, en su caso, mediante la aplicación de modelos y técnicas de valoración. Este criterio se aplica, como norma general, en la valoración inicial de los elementos patrimoniales.

Además, los siguientes elementos patrimoniales se valorarán tanto inicial como posteriormente por su valor razonable:

+ Los activos financieros que formen parte de una cartera de negociación, se califiquen como disponibles para la venta o sean instrumentos financieros derivados.

♦ Los pasivos financieros que formen parte de una cartera de negociación, o sean instrumentos financieros derivados.

No obstante, a efectos de su valoración posterior, los elementos que no puedan valorarse de manera fiable, se valorarán por su precio de adquisición o coste de producción.

Al cierre del ejercicio, las variaciones de valor originadas por la aplicación del criterio del valor razonable se imputarán a la cuenta de pérdidas y ganancias. Sin embargo, dicha variación se incluirá directamente en el patrimonio neto, en una partida de ajuste por valor razonable, cuando sea un activo financiero disponible para la venta.

Las variaciones acumuladas por valor razonable, salvo las imputadas al resultado del ejercicio, deberán lucir en la partida de ajuste por valor razonable hasta el momento en que se produzca la baja, deterioro, enajenación, o cancelación de dichos elementos, en cuyo caso la diferencia acumulada se imputará a la cuenta de pérdidas y ganancias.

Valor neto realizable: el valor neto realizable de un activo es el importe que la empresa puede obtener por su enajenación en el mercado, en el curso normal del negocio, deduciendo los costes estimados necesarios para llevarla a cabo, así como en el caso de las materias primas y de los productos en curso, los costes estimados necesarios para terminar su producción, construcción o fabricación.

Ejemplo. Una empresa tiene un vehículo con un valor neto contable de 500 que ya no piensa utilizar, se pone en contacto con un concesionario de coches de segunda mano que se lo compraría por 200, el valor realizable sería 200.

Valor actual: el valor actual es el importe de los flujos de efectivo a recibir o pagar en el curso normal del negocio, según se trate de un activo o de un pasivo, respectivamente, actualizados a un tipo de descuento adecuado.

Por ejemplo, una deuda de 1.000 a devolver en 2 años incluido el interés devengado, considerando un tipo de interés de mercado del 5 % tendrá un valor actual de: $2 \times 1.000 / (1,05) = 907,029$

Valor en uso: el valor en uso de un activo o de una unidad generadora de efectivo es el valor actual de los flujos de efectivo futuros esperados, a través de su utilización en el curso normal del negocio y, en su caso, de su enajenación u otra forma de disposición, teniendo en cuenta su estado actual y actualizados a un tipo de interés de mercado sin riesgo, ajustado por los riesgos específicos del activo que no hayan ajustado las estimaciones de flujos de efectivo futuros.

Ejemplo. Una empresa tiene un inmueble arrendado en una zona muy comercial. Teniendo en cuenta los importes del alquiler pactados, las prórrogas previsibles del mismo y la evolución futura estimada de los precios de alquiler considerando su actualización al tipo de interés de mercado y la inflación estimada, el valor actual de los ingresos por arrendamiento previstos es de 180.000 €, este sería el valor en uso del inmueble.

Costes de venta: son los costes incrementales directamente atribuibles a la venta de un activo en los que la empresa no habría incurrido de no haber tomado la decisión de vender, excluidos los gastos financieros y los impuestos sobre beneficios. Se incluyen los gastos legales necesarios para transferir la propiedad del activo y las comisiones de venta.

Ejemplo. Una empresa quiere vender un inmueble, contacta con un API que se lo valora en 200.000 y le va a cobrar una comisión del 5 % del valor de venta.

Los costes de venta serán de 5 % × 200.000 = 10.000.

Valor contable o en libros: el valor contable o en libros es el importe neto por el que un activo o un pasivo se encuentra registrado en balance una vez deducida, en el caso de los activos, su amortización acumulada y cualquier corrección valorativa por deterioro acumulada que se haya registrado.

Ejemplo. Una empresa tiene un ordenador comprado por 100, la amortización acumulada del mismo es de 40, su valor contable o en libros es de 100 − 40 = 60.

Valor residual: el valor residual de un activo es el importe que la empresa estima que podría obtener en el momento actual por su venta u otra forma de disposición, una vez deducidos los costes de venta, tomando en consideración que el activo hubiese alcanzado la antigüedad y demás condiciones que se espera que tenga al final de su vida útil.

Ejemplo. Una empresa que se dedica al transporte de pasajeros por autocar pacta con el fabricante que renovará los autocares cada cinco años, que le entregará uno nuevo y le comprará el autocar a sustituir valorándolo al 20 % de su valor de adquisición inicial. Si el valor inicial del autocar es de 50.000, el valor residual será el 20 % × 50.000 = 10.000.

La vida útil es el periodo durante el cual la empresa espera utilizar el activo amortizable o el número de unidades de producción que espera obtener del mismo. En particular, en el caso de activos sometidos a reversión, su vida útil es el periodo concesional cuando este sea inferior a la vida económica del activo.

Ejemplo. En el caso anterior la vida útil será de 5 años.

La vida económica es el periodo durante el cual se espera que el activo sea utilizable por parte de uno o más usuarios o el número de unidades de producción que se espera obtener del activo por parte de uno o más usuarios.

Ejemplo. Si el fabricante que recompra el autocar usado lo puede revender a otro cliente que lo va a utilizar durante 5 años más, la vida económica será de 10 años (5 iniciales + 5 del comprador posterior).

Las cuentas anuales

Las cuentas anuales comprenden el balance, la cuenta de pérdidas y ganancias, el estado de cambios en el patrimonio neto, el estado de flujos de efectivo y la memoria.

1. El balance representa el patrimonio de la empresa en una fecha dada, generalmente referida al cierre del ejercicio. Los elementos patrimoniales del balance se clasifican en activo, pasivo y patrimonio neto.

Por su parte, los activos se clasifican en no corrientes y corrientes. El activo corriente comprenderá los activos que la empresa espera vender, consumir o realizar en el transcurso del ciclo normal de explotación, así como aquellos otros cuya permanencia en la empresa sea por un plazo inferior o igual a un año. El resto de los activos se clasificarán como no corrientes.

Dentro del pasivo, también se distingue entre pasivos no corrientes y corrientes. El pasivo corriente incluirá los pasivos vinculados al ciclo normal de explotación y aquellos otros cuyo vencimiento o extinción vaya a producirse en un plazo inferior o igual a un año. El resto de pasivos se clasificarán como no corrientes.

2. La cuenta de pérdidas y ganancias informa del resultado obtenido durante un ejercicio económico, generado por los ingresos y gastos que en ese periodo se hayan producido, excepto cuando proceda su imputación directa al patrimonio neto de acuerdo con lo previsto en las normas de registro y valoración.

3. El estado de cambios en el patrimonio neto ofrece información sobre las variaciones experimentadas por el patrimonio neto en un ejercicio económico.

4. El estado de flujos de efectivo informa sobre el origen y la utilización de los activos monetarios representativos de efectivo y otros activos líquidos equivalente, así como sobre la variación neta de esta magnitud, durante el ejercicio.

5. La memoria amplía, comenta y completa la información contenida en el balance, en la cuenta de pérdidas y ganancias, en el estado de cambios en el patrimonio neto y en el estado de flujos de efectivo.

El cuadro de cuentas

Tal como hemos visto este apartado no es de aplicación obligatoria, sin embargo, es conveniente su aplicación, con las adaptaciones adecuadas a la actividad desarrollada por cada empresa, a los efectos de ofrecer información contable homogénea y comparable. Los cuadros de cuentas del PGC siguen la clasificación decimal. Los grupos van del 1 al 7.

Los 5 primeros se refieren a las cuentas de balance y recogen los activos, pasivos y patrimonio que los integran.

Los grupos 6 y 7 se refieren a las cuentas de gestión y recogen los ingresos y gastos originados por la actividad de la empresa siempre que no deban imputarse al patrimonio neto.

La codificación consiste en asignar números:

1 dígito para los grupos
2 dígitos para los subgrupos
3 dígitos para las cuentas
4 dígitos para las subcuentas

Los grupos son los siguientes:

GRUPO PGC
1. Financiación básica
2. Activo no corriente
3. Existencias
4. Acreedores y deudores por operaciones comerciales
5. Cuentas financieras
6. Compras y gastos
7. Ventas e ingresos

Definiciones y relaciones contables

Cada grupo, subgrupo y cuenta es objeto de una definición donde se recoge el contenido y las características más sobresalientes de las operaciones que originan anotaciones en los mismos. Además se describen los motivos más comunes de cargo y abono de las cuentas o de las subcuentas, sin agotar las posibilidades que admite cada una de ellas.

Ejemplo.

GRUPO 5. Cuentas financieras.

Instrumentos financieros por operaciones no comerciales, es decir, por operaciones ajenas al tráfico cuyo vencimiento, enajenación o realización se espera habrá de producirse en un plazo no superior a un año, así como medios líquidos disponibles.

SUBGRUPO 52. Deudas a corto plazo por préstamos recibidos y otros conceptos.

Financiación ajena a corto plazo no instrumentada en valores negociables ni contraída con personas o entidades que tengan la calificación de partes vinculadas, incluyendo los dividendos a pagar. Asimismo, este subgrupo incluye las provisiones cuya cancelación se prevea en el corto plazo.

CUENTA 520. Deudas a corto plazo con entidades de crédito.

Las contraídas con entidades de crédito por préstamos recibidos y otros débitos, con vencimiento no superior a un año.

SUBCUENTA 5200. Préstamos a corto plazo de entidades de crédito.

Cantidad que corresponde por este concepto de acuerdo con las estipulaciones del contrato.

Motivos de cargo y abono más habituales:

Se abonará:

♦ A la formalización del préstamo, por el importe recibido, minorado en los costes de la transacción, con cargo, generalmente, a cuentas del subgrupo 57.

♦ Por el gasto financiero devengado hasta alcanzar el valor de reembolso de la deuda, con cargo, generalmente, a la cuenta 662.

♦ Se cargará por el reintegro, total o parcial, con abono a cuentas del subgrupo 57.

7

RELACIÓN ENTRE EL CICLO ECONÓMICO Y FINANCIERO DE LA EMPRESA Y EL PLAN DE CUENTAS

El objeto de este capítulo es reflejar las fases más habituales del ciclo financiero de una empresa (flujos de dinero que van de la empresa a terceros o de estos a la empresa) y el ciclo económico de la misma (flujos de bienes y servicios), que supone la adquisición e incorporación de factores productivos a la actividad de la empresa y los ingresos generados por puesta en el mercado de bienes o servicios producidos.

El reflejo de las diferentes fases del ciclo financiero y económico se relaciona con los grupos de cuentas más habituales del PGC, los cuales contienen los elementos patrimoniales, activos, pasivo, patrimonio neto, ingreso y gastos afectados en cada fase.

El ciclo financiero

Obtención de recursos financieros o financiación

Para llevar a cabo la actividad se precisan recursos financieros.

La financiación puede obtenerse mediante aportación de recursos por parte de los socios, mediante generación de resultados positivos por la empresa o mediante financiación recibida de terceros con obligación de devolución, este es el caso de las deudas o pasivos.

Estas deudas pueden tener un plazo de devolución a largo plazo, más de un año, denominándose en este caso deudas a largo plazo (pasivos no corrientes) o deudas con plazo de devolución inferior al año (pasivos corrientes).

Los recursos aportados por los socios y las deudas a largo plazo se reflejan en el Grupo 1 (cuentas de financiación básica) y según establece el PGC. Se trata de recursos financieros para financiar el activo no corriente y una parte razonable del activo corriente. Este grupo también recoge las deudas con proveedores de inmovilizado o activo no corriente.

Las deudas financieras (no originadas por operaciones de carácter comercial) con plazo de devolución inferior al año se recogen en cuentas del grupo 5 (cuentas financieras).

Los recursos obtenidos con la financiación recibida, se materializan en cuentas financieras del Grupo 5, siendo la más habitual la cuenta 572 de «Bancos», la cual refleja el ingreso del efectivo recibido en cuentas bancarias.

Hay que tener en cuenta que en las deudas a largo plazo llegará un momento en que quede menos de un año para su vencimiento en cuyo caso se deberán reclasificar en deuda a corto plazo.

A su vez, las deudas generan gastos financieros que supondrán salidas de efectivo, a contabilizar en cuentas financieras del Grupo 5, normalmente la cuenta 572 de Bancos.

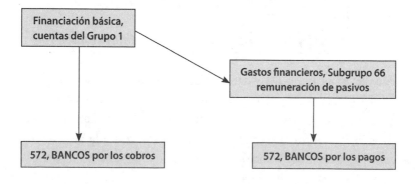

Adquisición de activos e inputs
necesarios para la actividad

Con los recursos financieros obtenidos se financia la adquisición de activos no corrientes o inmovilizados, activos corrientes, normalmente existencias y factores productivos, que corresponderán a las compras y gastos.

La adquisición de los activos y las compras y gastos también puede financiarse mediante pasivos, deudas correspondientes a créditos concedidos por los suministradores de dichos activos o servicios. A su vez, las deudas pueden generar gastos financieros que supondrían salidas de efectivo.

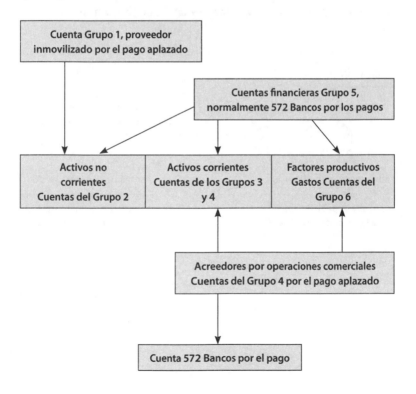

Inversión de excedentes financieros

Con los excedentes financieros, efectivo en bancos que no se prevé utilizar a corto o largo plazo, se pueden invertir en negocios financieros a largo o a corto plazo.

Estas inversiones generan ingresos financieros, cuentas del grupo 76 y efectivo por su cobro, así como la recuperación de efectivo al vencimiento o al liquidarse las inversiones. También se pueden obtener resultados positivos o negativos a reflejar en cuentas del grupo 6 o 7 por diferencia entre el importe invertido y el recuperado en el momento de liquidar la inversión.

Asimismo, los excedentes financieros pueden utilizarse para reembolsar deudas a corto o largo plazo que todavía no han vencido.

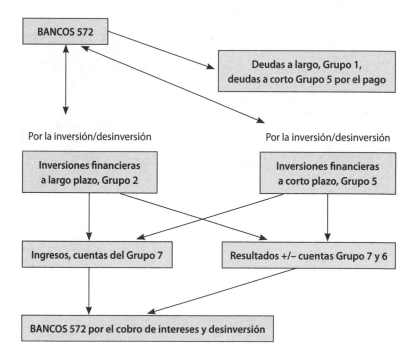

Necesidad de financiación

En el caso de necesitar financiación se pueden generar pasivos o deudas financieras a corto o a largo plazo que supondrán entradas de efectivo. Como contraprestación de las deudas deberá pagarse el interés pactado que supondrá la contabilización de un gasto financiero. Tanto el pago del gasto financiero como la devolución de las deudas supondrán salidas de efectivo.

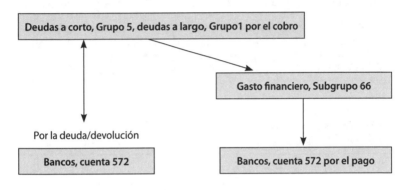

El ciclo económico

Proceso productivo:
entrega de bienes o prestación de servicios

Para llevar a cabo la actividad de la empresa se precisa la adquisición de *inputs*, gastos correspondientes a la adquisición de bienes y servicios, así como la utilización de activo no corriente o inmovilizado (maquinaria, instalaciones, local, equipos y aplicaciones informáticas, etc.), siendo el coste correspondiente a su utilización la amortización del ejercicio, que es un componente más del coste de los productos producidos o de los servicios prestados.

El resultado del proceso productivo se materializa en ingresos por ventas de bienes, ingresos por prestación de servicios y existencias finales (por los bienes producidos y no vendidos). Estos ingresos generan cobros en efectivo o derechos de crédito.

Los cobros y la materialización en efectivo de los derechos de crédito se destinan a pagar deudas financieras y deudas de carácter comercial y, en caso de excedente, a realizar inversiones financieras, tal como ya se ha visto.

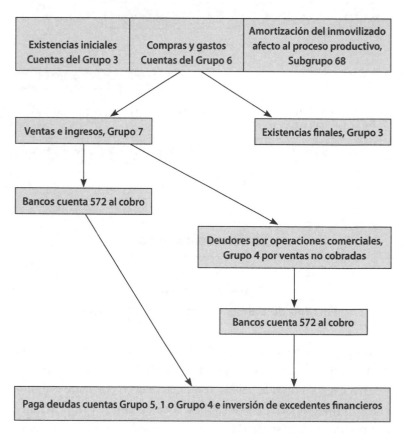

Distribución del resultado del ejercicio

El resultado de la actividad de la empresa se refleja en la cuenta de pérdidas y ganancias. Aquel se cuantifica por diferencia entre las ventas e ingresos y el coste de ventas y los gastos.

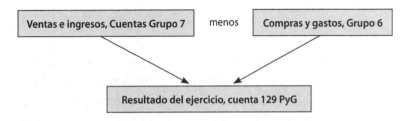

Si el resultado es positivo, se puede remunerar a los socios o propietarios utilizando normalmente la cuenta de bancos o se puede aumentar la financiación básica por resultados no distribuidos.

Si el resultado es positivo, aumenta la capacidad para financiar activos o para devolver pasivos.

Si el resultado del ejercicio es negativo, minora la financiación básica dado que supone que parte de la financiación recibida de los socios se ha minorado debido a las pérdidas generadas.

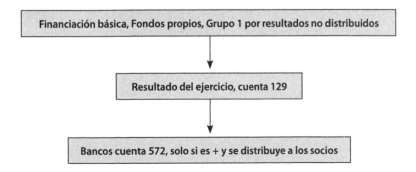

CONCLUSIÓN

Tal como se decía en la presentación, la información que la contabilidad refleja nos afecta a todos en la medida en que no deja de ser un procedimiento que permite saber qué tenemos, qué deudas hemos de pagar o qué ingresos o gastos hemos tenido, es decir, refleja nuestra situación patrimonial, económica y financiera. La técnica contable es sencilla y cualquier persona puede utilizarla en su negocio o para controlar las finanzas familiares.

También se ha mostrado cuál es el resultado del tratamiento de la información contable, principalmente el balance y la cuenta de pérdidas y ganancias.

Si conocemos el proceso de elaboración de estos documentos contables, que tantas veces hemos oído o leído en las noticias, podemos hacernos una idea más fundamentada de cuál es la situación económica de la empresa que las formula.

Asimismo podremos saber cómo es posible que se produzcan fraudes o engaños contables, ya que los mismos tienen su origen en una aplicación incorrecta de la técnica, principios y criterios que hemos estudiado.

Por tanto, espero que después de leer este libro, la contabilidad deje de ser para el lector algo desconocido e, incluso, pueda resultarle útil en su día a día.

GLOSARIO

Acción
Son las partes iguales en las que se divide el capital social de una sociedad anónima. Estas partes son poseídas por una persona, que recibe el nombre de «accionista» y representan la propiedad que la persona tiene de la empresa, es decir, el porcentaje de la empresa que le pertenece al accionista.

Entre otros derechos del accionista están: ejercer el voto en la Junta de Accionistas, obtener información sobre la situación de la empresa, percibir un dividendo, acudir a ampliaciones de capital o vender las acciones que posee.

Acreedor
El que tiene derecho a pedir el cumplimiento de las obligaciones de toda sociedad.

Acreedor preferente
Es aquel que tiene un crédito preferencial o privilegiado sobre los bienes de un deudor. Esa preferencia se manifiesta en que cobra su deuda antes que los acreedores comunes.

Activo
Conjunto de bienes y créditos pertenecientes al sujeto económico.

Activo circulante
Activos y recursos de la empresa que serán realizados, vendidos o consumidos dentro del plazo de un año a contar desde la fecha de los estados financieros.

Activo fijo
Bienes utilizados para el desarrollo de la actividad durante varios periodos sin propósito de venderlos.

Activo intangible
Son elementos inmateriales que son valorables económicamente.

Activo líquido
Se llama así tanto al activo en forma de dinero o de depósitos bancarios a la vista como al activo que puede realizarse rápidamente en dinero sin pérdida de su valor.

Activo material
Son los elementos patrimoniales tangibles que se integran en el patrimonio de una empresa.

Amortización
En el sentido de «amortización de bienes de producción» hace referencia a la liquidación paulatina de la inversión a través de su incorporación a los costes y resultados de la empresa, recuperándose en forma líquida a medida que se va produciendo el ingreso en ella mediante la venta de productos. Es la representación contable de las disminuciones de valor que experimentan los elementos del patrimonio de una empresa. Estas disminuciones pueden deberse a varias causas, siendo las más importantes el envejecimiento físico o funcional y el envejecimiento económico.

En el sentido de «amortización de un préstamo» es el pago que un prestatario hace a su prestamista para reembolsarle el dinero prestado en un cierto plazo, satisfaciendo además el interés que se estipule.

Análisis de balances

Es el examen, comparación e interpretación de los elementos que integran el balance de una empresa.

Análisis financiero

Consiste en el examen del balance de una empresa, para estimar su situación en el terreno financiero, es decir, su tesorería, la situación de deudores y acreedores, así como de su financiación.

Asiento

Inscripción individualizada de una operación en un libro registro o en un libro contable.

ASNEF

Fichero que recoge aquellas operaciones de crédito, descuentos, préstamos, tarjetas de crédito, *leasing* o cualquier otra operación financiera que resulte impagada y permanezca en esta situación por al menos 60 días.

Auditoría

Examen de la contabilidad de una sociedad por expertos independientes para emitir un informe que garantice que la contabilidad se ha llevado a cabo conforme a los principios y criterios de valoración del Plan General de Contabilidad.

Aval

Es una garantía, mediante la cual una persona física o jurídica responde de las obligaciones asumidas por el avalado.

B.A.I.

Equivale a beneficio antes de impuestos.

Balance

Es el informe contable que recoge el conjunto de elementos patrimoniales de una empresa o sociedad en un momento determinado.

Balanza comercial

Consiste en los pagos y cobros que se derivan del comercio de mercancías. La balanza comercial forma parte de la balanza de pagos de un país. Esta balanza solo incluye las importaciones y exportaciones de mercancías, es decir, no contempla la prestación de servicios entre países, ni la inversión o movimiento de capitales.

Balanza de pagos

La balanza de pagos es la relación que se establece entre el dinero que un país gasta en otros países y la cantidad que otros países gastan en ese país Es el documento donde se recogen todas las transacciones comerciales de bienes, servicios y capitales que se llevan a cabo en un país en relación con el resto del mundo durante un periodo de tiempo determinado.

Beneficio

De forma general, es la ganancia o exceso de los ingresos sobre los gastos durante un periodo de tiempo. Lo contrario a los beneficios son las pérdidas.

Beneficio bruto

Es la diferencia entre ingresos y gastos del ejercicio antes de deducir las amortizaciones e impuestos.

Beneficio de explotación
Beneficio derivado de la explotación o actividad normal de la empresa sin considerar el pago de intereses e impuestos.

Beneficio del ejercicio
Es el obtenido en el ejercicio social de una empresa o sociedad.

Beneficio neto
Es el beneficio bruto una vez deducidas las amortizaciones e impuestos.

Capital circulante
Diferencia entre el activo y el pasivo circulante de una sociedad. Asimismo se puede entender como los elementos o bienes consumibles en el ciclo de producción de la empresa (energía, materias primas, etc.). Se conoce también como el «fondo de maniobra» de la empresa.

Capital social
Es la parte del capital de una sociedad que ha sido aportado por los accionistas. Esta participación en el capital de la compañía les otorga derechos sobre la misma en el reparto de beneficios, en las ampliaciones de capital o liquidación de la sociedad.

Cash flow o flujo de caja
Movimiento temporal de las cuentas de efectivo de una empresa.

Concurso
La declaración de concurso se produce por la insolvencia del deudor, ya sea actual o inminente. Se podrá declarar en concurso cualquier deudor, ya sea persona natural o jurídica. Tras la solicitud voluntaria, justificando el endeudamiento o insolvencia, o en

la solicitada por parte de un acreedor, tras el sobreseimiento general en el pago de las obligaciones del deudor, el juez efectuará la declaración de concurso.

Consejero delegado
Miembro del Consejo de Administración en quien se delegan singularmente las facultades del Consejo de Administración.

Consejo de Administración
Órgano colegiado de administración, dirección y representación de las Sociedades Anónimas que tiene las facultades no reservadas en exclusiva a la junta general.

Contrato
Acuerdo entre dos o más partes donde se establecen una serie de derechos y obligaciones.

Cuenta
Método de representación y de registro del valor de un elemento patrimonial. Es un registro en dos partes llamadas «debe» y «haber». En una parte se recogen los aumentos de valor del elemento y en la otra se recogen las disminuciones.

Cuenta de explotación
Estado contable que refleja el resumen de todos los ingresos y gastos de una sociedad durante un ejercicio económico.

Cuentas anuales
Estados contables que el empresario debe realizar al cierre de cada ejercicio económico. Comprende: el balance, la cuenta de pérdidas y ganancias y la memoria.

Debe
Nombre que se da al lado izquierdo de una cuenta. En general se anotan los gastos, los aumentos de cuentas de activo y las disminuciones de cuentas de pasivo y patrimonio neto.

Depreciación
Disminución del valor o precio de una cosa, ya sea con relación al que antes tenía, ya sea comparándola con otras de su clase.

Dividendo
Parte del beneficio repartible o distribuible de una sociedad que corresponde pagar a los socios por cada acción.

Divisa
Se llama así a las monedas extranjeras, es decir, al dinero expresado en unidades monetarias de otro país.

Dumping
El *dumping* o competencia desleal consiste en vender un producto a un precio inferior al coste incurrido para producirlo, con el objetivo de competir más eficazmente en el mercado

EBITDA
Es un acrónimo en inglés que responde a *Earnings Before Interest, Taxes, Depreciation and Amortization*, es decir, beneficios antes de intereses, impuestos, depreciaciones y amortizaciones.

Es un indicador para medir la rentabilidad operativa de una empresa porque permite eliminar las variaciones provocadas por la estructura financiera, el entorno fiscal (a través de los impuestos) y los gastos por amortizaciones. De esta forma, permite obtener una idea clara del rendimiento operativo de la empresa, y comparar de una forma adecuada con otras empresas o sectores.

Efectivo

Hace referencia al dinero en metálico.

Efecto

Es un documento de valor mercantil, que puede ser nominativo, endosable o al portador y negociable, que prueba la existencia de un crédito de un importe determinado y pagadero inmediatamente o a corto plazo.

Ejercicio económico

Ciclos o unidades de tiempo en que se divide la actividad económica de las empresas. Pueden tener una duración variable y empezar y finalizar en cualquier fecha del año, pero generalmente se establecen con una duración anual coincidiendo con el año natural.

Estatutos Sociales

Reglas que cada sociedad establece para regirse internamente en el contrato constitutivo y que pueden ser posteriormente modificadas. En dichos estatutos se regulan los derechos y obligaciones de los accionistas, el órgano de administración y gestión, las reglas de transmisibilidad de las acciones, sus características y la situación de los que detenten derechos reales sobre ellas.

Factoring

Es un contrato de cesión de créditos entre una empresa proveedora, que mantiene crédito con sus clientes, y una sociedad financiera especializada en servicios de *factoring*. Esta anticipa la liquidación de una parte importante de los fondos correspondientes a las facturas cedidas y asume el riesgo.

Factura

Documento que informa de los detalles de una operación comercial y sirve como justificante de ella.

Factura electrónica

Consiste en la transmisión de las facturas o demás comprobantes entre emisor y receptor por medios de comunicación electrónicos.

Factura proforma

Una factura proforma es un documento borrador de una factura que se envía a un comprador con los detalles que posteriormente incluirá la factura. Una factura proforma es simplemente un documento que declara el compromiso del vendedor de proporcionar los bienes o servicios especificados al comprador a un precio determinado.

Fondo de comercio

Activo inmaterial de una empresa. Su valor se computa a los efectos de una transmisión de la empresa y está constituido por elementos muy variados que deben valorarse económicamente pero que no se identifican individualmente. Pueden ser el prestigio de la empresa, su situación geográfica, la clientela, la falta de competencia, el equipo directivo, la preparación del personal, etc.

Fondo de maniobra

Es el exceso de la suma de las cuentas del activo disponible y realizable total con respecto a las del pasivo a corto y medio plazo. Es sinónimo de capital circulante, su formulación es:

Fondo de maniobra = Activo circulante / Pasivo Circulante.

Franquicia

Es una relación comercial entre dos partes, por la cual una persona paga una cierta cantidad de dinero para tener la licencia de comenzar un negocio utilizando una marca ya consolidada en el mercado. El franquiciador (o empresa franquiciadora) cede el derecho o licencia a utilizar su marca empresarial, durante un tiempo y lugar determinados. Por su parte, el franquiciado paga un canon de entrada al franquiciador y se compromete a seguir las instrucciones del mismo para explotar el negocio objeto de la franquicia.

Fusión

1) Creación de una sociedad a partir de dos o más empresas que transfieren su patrimonio a esta nueva sociedad.

2) Absorción de dos o más sociedades por otra ya existente, a cuyo patrimonio se integran los de las extinguidas.

Haber

Nombre que se da al lado derecho de una cuenta. En general se anotan los ingresos, los aumentos de cuentas de pasivo y patrimonio neto o las disminuciones de cuentas de activo

Holding

Término anglosajón que corresponde a «grupo de empresas» y designa a aquellas sociedades que no ejercen por sí mismas ni la industria ni el comercio, sino que su objeto es la tenencia y posesión de acciones de otras empresas teniendo de este modo su control.

Joint Venture

En español se denomina también «empresa conjunta, ya que es la unión de dos o más empresas con el objetivo de desarrollar un negocio o introducirse en un nuevo mercado durante un cierto periodo de tiempo y con la finalidad de obtener beneficios.

Ingresos financieros
Ingresos producidos por la inversión de dinero, en cualquiera de sus modalidades, y que no se obtienen en función de la actividad principal de la empresa.

Interés
Cantidad pagada como remuneración por la disposición de una suma de dinero tomado en concepto de préstamo. Se puede distinguir entre interés nominal e interés efectivo.

Interés efectivo (tipo)
Es el tipo de interés que realmente se produce en una operación, y que puede variar del interés nominal en función de las características de aplicación.

Interés legal
Tipo de interés que se establece legalmente y que a menos que sea fijado por las partes se aplica por defecto en un negocio jurídico o como compensación mínima. Puede hacerse coincidir con el interés básico del Banco emisor o central y ser utilizado como tipo de interés de referencia en operaciones financieras de tal modo que sus oscilaciones impliquen movimientos paralelos de modificación del tipo de la operación financiera.

Interés nominal (tipo)
Es el tipo de interés que se aplica a una operación.

Interés preferencial
Tipo de interés que las entidades financieras aplican a sus clientes de mayor solvencia en las operaciones de crédito a corto plazo por importes notables.

Inventario

Cantidad y valor de los artículos existentes en un momento determinado. También se llama así a la lista detallada de elementos valorados en una unidad de cuenta. Ejemplo: inventario de bienes de una lista detallada de los bienes valorados en euros.

Junta General de Accionistas

Reunión de los accionistas de la sociedad para debatir los temas sociales que se consideren oportunos.

Junta General Extraordinaria

Junta que se celebra para debatir temas especiales que afectan a la sociedad. Puede ser también Junta Universal cuando está presente todo el capital social, en cuyo caso no se requieren los requisitos de convocatoria formal.

Junta General Ordinaria

Junta que debe celebrarse anualmente y que tiene un contenido mínimo legal referente a la rendición de cuentas anuales y a la propuesta de distribución de los resultados. La junta general ordinaria, previamente convocada al efecto, se reunirá necesariamente dentro de los seis primeros meses de cada ejercicio, para censurar la gestión social, aprobar, en su caso, las cuentas del ejercicio anterior y resolver sobre la aplicación del resultado.

Leasing

Es una operación de arrendamiento financiero que consiste en la adquisición de una mercancía por parte de una sociedad especializada a petición de su cliente. Posteriormente, esta sociedad entrega en arrendamiento la mercancía al cliente con opción de compra al vencimiento del contrato.

Liquidez
Es la mayor o menor facilidad que tiene el tenedor de un título o un activo para transformarlo en dinero en cualquier momento. Es también el grado de convertibilidad rápida en dinero de un activo sin que exista pérdida de valor.

Memoria
Informe anual que los administradores de una sociedad deben presentar a la junta general de accionistas sobre las actividades económicas y financieras de la sociedad, sus objetivos, los planes a desarrollar y los criterios contables seguidos en la exposición de la restante documentación contable.

Obsolescencia
Pérdida de valor de un bien debido a variaciones en los gustos de los consumidores o a cambios tecnológicos.

Orden de pago
Transferencia bancaria en la que el cliente ingresa en efectivo el importe a transferir a la cuenta del beneficiario.

Pagaré
Documento que registra la promesa incondicional de pago por parte del emisor o suscriptor, respecto a una determinada suma, con o sin intereses, y en un plazo estipulado en el documento, a favor del beneficiario o tenedor.

Pago a plazos
Es el pago realizado en varios vencimientos.

Pago al contado
Es la entrega del precio de la compra en el instante mismo de su realización.

Pasivo circulante

Se denomina pasivo circulante a las cuentas del balance que representan el «exigible a corto plazo», es decir, obligaciones y deudas que han de hacerse efectivas en menos de un año.

Patrimonio neto

Es lo que le queda a la empresa después de pagar sus deudas, es decir, el total del activo menos el total del pasivo.

Plan General de Contabilidad (PGC)

Es la norma contable principal aprobada por el Real Decreto 1514/2007.

Producto Interior Bruto (PIB)

Es un indicador económico que refleja la cantidad de bienes y servicios producidos dentro de un territorio Es un valor definido en dinero que refleja la producción de bienes y servicios de un país durante un periodo de tiempo.

El PIB no se encuentra relacionado con el concepto de nacionalidad, es decir, que se cuentan todos los productos y servicios producidos dentro de un territorio con total independencia de la nacionalidad del productor.

Es un indicador económico que busca definir el bienestar de un país y, con esto, si una economía está creciendo o, por el contrario, si la actividad interior de la nación está en recesión.

Producto Nacional Bruto (PNB)

Es un parámetro utilizado a la hora de medir el crecimiento de un país durante un periodo determinado. El Producto Nacional Bruto se puede definir como la cantidad de bienes y servicios producidos por los residentes de un país, aunque estos bienes se produzcan en un país extranjero.

El PNB, conocido también como Ingreso Nacional Bruto, sí tiene en cuenta el concepto o término de nacionalidad. Por ello, se incluyen los productos realizados por ciudadanos o empresas nacionales y, de esta forma, excluye los productos o servicios extranjeros realizados dentro del país.

RAI (Registro de Aceptaciones Impagadas)
Aceptaciones bancarias (letras de cambio aceptadas, cheques, pagarés y recibos aceptados), expedidas o aceptadas por personas jurídicas y de importe superior a 300 euros que resulten impagadas a través del sistema bancario. La información permanece en este fichero durante 30 meses, salvo que antes se efectúe el pago y se justifique ante la entidad financiera para que anule la inscripción.

Rating o Calificación
Es un término inglés que se utiliza preferentemente para calificar las sociedades por su solvencia financiera.

Renta variable
Se refiere a las acciones y participaciones en las que no se conoce de antemano la ganancia que se va a obtener, ni siquiera si esta se producirá.

Royalty o Canon
Es la cantidad a pagar por el uso de una patente. Un *royalty* puede ser definido como los pagos que una persona ha de realizar al creador de algo. Es un intangible relacionado con su capacidad intelectual.

Sociedad anónima
Sociedad mercantil cuyo capital está dividido en acciones transmisibles y cuya titularidad otorga la condición de socio o accio-

nista. Los socios no responden con un patrimonio personal a las deudas de la sociedad y su obligación fundamental es el desembolso del valor de la emisión debiendo ser inicialmente de, al menos, una cuarta parte del valor nominal total de cada acción, siendo estas nominativas hasta tanto no se haya desembolsado completamente el valor nominal establecido en la emisión.

Sociedad cooperativa

La cooperativa es una sociedad con capital variable y estructura y gestión democráticas que asocia, en régimen de libre adhesión y baja voluntaria, a personas con intereses o necesidades socioeconómicas comunes, para cuya satisfacción y al servicio de la comunidad desarrollan actividades empresariales. Los resultados económicos de esta sociedad se imputan a los socios, una vez atendidos los fondos comunitarios, en función de la actividad cooperativizada que realiza.

Sociedad de responsabilidad limitada

Es una sociedad mercantil de responsabilidad limitada, cuyo capital, dividido en participaciones sociales, estará integrado por las aportaciones de todos los socios, quienes no responderán personalmente de las deudas sociales. El capital no podrá ser inferior a 3.000 euros y, desde su origen, tendrá que estar totalmente desembolsado. El capital social estará dividido en participaciones indivisibles y acumulables y estas atribuirán a los socios los mismos derechos. Las participaciones sociales no tendrán el carácter de valores, ni podrán estar representadas por medio de títulos o de anotaciones en cuenta, ni denominarse acciones.

TAE (Tasa Anual Equivalente)

Interés efectivo, expresado en términos anuales, de una operación financiera. En él se consideran todos los gastos asociados a la operación, así como el momento en que se producen las entradas y salidas de fondos.

Tipo de interés
Es lo que cuesta usar el dinero en un crédito, préstamo u otra obligación financiera. Generalmente, se fija en forma de una tasa porcentual anual.

Volumen de negocio
También conocido como volumen de ventas, es una medida contable que recoge los ingresos que una empresa ha obtenido con motivo de una actividad durante un periodo determinado de tiempo. El volumen de negocio es el total de ingresos recibidos por la realización de todas las transacciones económicas realizadas durante un periodo de tiempo específico.

ECOSISTEMA DIGITAL

NUESTRO PUNTO DE ENCUENTRO

www.edicionesurano.com

2 AMABOOK
Disfruta de tú rincón de lectura y accede a todas nuestras **novedades** en modo compra.

3 SUSCRIBOOKS
El límite lo pones tú, **lectura sin freno**, en modo suscripción.

DISFRUTA DE 1 MES DE LECTURA GRATIS

AB

SB
suscribooks

quiero**leer**

1 REDES SOCIALES:
Amplio abanico de redes para que **participes activamente**.

4 QUIERO LEER
Una App que te permitirá leer e **interactuar con otros lectores**.

 iOS